WILLIAM MORRIS
Escritos sobre arte, diseño y política

WILLIAM MORRIS
Escritos sobre arte, diseño y política

Introducción de Anna Calvera Sagué
Traducción de Juan Ignacio Guijarro González

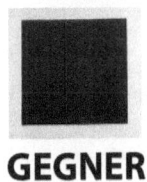

GEGNER

Consejo Editorial
Director: Juan José Gómez Gutiérrez
Robin Adèle Greeley, University of Connecticut
Teresa Cascudo García-Villaraco, Universidad de La Rioja
Miguel Ángel Albi Aparicio, Universidad Pablo de Olavide
Guido Ferilli, Università IULM

Títulos originales:
  Manifesto of the Society for the Protection of Ancient Buildings
  The Lesser Arts
  The Prospects of architecture in civilisation
  Art, Wealth, and Riches
  Architecture and History
  The Aims of Art
  Art and Socialism
  The Revival of Architecture
  The Revival of Handicraft
  How I Became a Socialist

Introducción de Anna Calvera Sagué
Traducción de Juan Ignacio Guijarro González
Edita: Gegner Libros
Camino Fuente del Rey, 1. 21200 Aracena
www.gegnerlibros.com
info@gegnerlibros.com
ISBN: 978-84-96875-65-4
Depósito legal: H 202-2013

ÍNDICE

Introducción. El pensamiento de William Morris
a través de las conferencias I
    Anna Calvera
Manifiesto de la Society for the Protection of Ancient Buildings (1871) 1
Las Artes menores (1877) 5
El porvenir de la arquitectura en la civilización (1880) 29
Arte, opulencia y riqueza (1883) 63
La arquitectura y la historia (1884)..83
Las metas del arte (1886)..105
Arte y socialismo (1884)...121
El renacimiento de la arquitectura (1888) 145
El renacimiento de la artesanía (1888) 159

INTRODUCCIÓN: EL PENSAMIENTO DE WILLIAM MORRIS
A TRAVÉS DE LAS CONFERENCIAS

Anna Calvera

1. William Morris en su época: final de etapa

Si algo puede resumir lo que representa la personalidad de William Morris (1834-1896) es el carácter de puente, de nexo de unión entre dos siglos. Siendo profundamente victoriano y decimonónico, un hombre muy de su tiempo, su obra dio por concluido el debate intelectual que había ocupado el siglo XIX y, al hacerlo, puso sobre la mesa los temas que habían de debatirse en la primera mitad del siglo XX dentro y fuera de la vanguardia histórica. Dicho así, puede parecer esta una afirmación un poco exagerada, puesto que la posible relación de Morris con la vanguardia plástica y arquitectónica constituye uno de los aspectos de su magisterio puestos más a menudo en duda. Sin embargo, desde la perspectiva específica de la historia de la arquitectura moderna y, sobre todo, en el debate entorno al diseño industrial y su origen, a Morris le corresponde, no tanto el papel de pionero que tantas veces se le ha asignado después de su muerte, sino el de haber conducido un cambio de rumbo de forma que, después de él, los temas de discusión ya fueron muy otros.

El conjunto de la obra de ese «poeta-tapicero», como lo llamaban irónicamente algunos de sus detractores –como Dante Gabriel Rossetti en algún momento de su larga relación personal, pero también Chesterton–, o ese activista político «tan sentimental» –como le llamaba Friedrich Engels– sorprende tanto por su variedad como por su influencia. Morris fue poeta, novelista y ensayista, traductor del griego y del islandés, bibliófilo, calígrafo y tipógrafo, impresor y editor, diseñador e interiorista, empresario y fabricante, y también un activo dirigente político aunque lo fuera de un partido pequeño, a decir verdad, un grupúsculo izquierdista muy activo pero muy poco decisivo para el movimiento obrero inglés, a pesar de lo cual Morris representó a su país en el Congreso de París de 1889 en el que se fundó la II Internacional. Después, como dirigente político, a él le correspondió conducir el debate entre socialistas y anarquistas tal como tuvo lugar en Inglaterra a finales de la década de 1880. Un hombre pues polifacético y muy activo que acabó siendo una de las personalidades más destacadas en el ambiente cultural de la Inglaterra victoriana.

En cuanto a la historia de las ideas, especialmente en el contexto inglés, la obra de Morris aparece como síntesis y conclusión de toda una época. Confluyen en su reflexión todas las corrientes de pensamiento surgidas en Inglaterra a lo largo del siglo. Por un lado, se formó en un ambiente ideológico liberal y estudió a fondo los autores más destacados de esa tradición, como Matthew Arnold[1] y John Stuart Mill, siendo precisamente el pensamiento de este último –a Morris siempre le gustaron las paradojas– lo que le demostró que el socialismo era la única salida política posible.

En el campo del diseño, o sea, en su actividad profesional, tanto en la práctica como en la teoría se aprecia la influencia del grupo de reformadores formado entorno a Sir Henry Cole y el *Journal of Design and Manufactures* (Londres 1848-1852), que promovieron una mejora real de los productos industriales trabajando para influir en consumidores y productores a la vez.

Por otro lado, Morris es también y sobre todo el último representante de esa tradición victoriana de pensamiento dedicada a la crítica sistemática de la sociedad industrial, muy a menudo por

---

1. Matthew Arnold (1822-1888). Poeta y crítico literario y cultural inglés con intensas preocupaciones sociales, catedrático de poesía en Oxford. Su poema *Dover Beach* (1867), donde describe un mundo de pesadilla en el que han perecido todas las verdades religiosas, ha sido considerado un ejemplo temprano de la sensibilidad moderna. En cuanto a su obra en prosa, el ensayo *Culture and Anarchy* (1869), popularizó el término «*Philistine*» –ignorante, convencional–, que él aplicó a sectores de la sociedad victoriana en contraposición a los intelectuales avanzados, que después se denominarían «bohemios» o «de vanguardia».

Introducción: el pensamiento de William Morris a través de las conferencias

comparación con un pasado medieval idealizado. En relación con autores como el pensador Thomas Carlyle, el arquitecto Augustus W.N. Pugin o el crítico John Ruskin,[2] fue Morris quien llevó el examen de la sociedad industrial y la conminación de las formas de vida que le son propias hasta las últimas consecuencias, dando expresión política a ese pensamiento crítico y dotándolo de contenido práctico tanto en la militancia política como en el campo de las artes plásticas, la arquitectura y el diseño industrial.

En efecto, sea por su militancia socialista durante la última etapa de su vida, primero en la Democratic Federation (1883-1884) y después en la escindida Socialist League (1885-1890), sea por el enorme éxito comercial conseguido por su empresa Morris&Co desde que la reorganizó en 1875, lo cierto es que su labor señala a una vía de salida lógica y coherente para toda una corriente de pensamiento que, tanto en el ámbito artístico y estético como en el económico y social, había querido explicar y justificar en términos morales y políticos el descontento experimentado por capas muy amplias de la sociedad ante la sociedad industrial y el estilo de vida que le es característico —ese materialismo crematístico de los «filisteos», como decían sus detractores más furibundos—, presentándolo como un fenómeno propio de las relaciones sociales surgidas de la nueva situación histórica.

Desde esta perspectiva, el compromiso de William Morris con el socialismo marxista, decidido en plena madurez intelectual y profesional, constituye el último y definitivo paso del pensamiento victoriano por conocer y resolver sus propias contradicciones. Este socialismo teórico y militante de Morris puede ser visto como una nueva expresión de aquellas ideas de rechazo y denuncia de la sociedad burguesa des-

---

2. El escocés Thomas Carlyle (1795-1881), uno de los pensadores más eminentes de su época, desarrolló en obras como *On Heroes, Hero-Worship, and The Heroic in History* (1841) una peculiar filosofía personal que rechazaba el materialismo y abogaba por un gobierno de corte autoritario. Augustus W.N. Pugin (1812-1852), el principal arquitecto y diseñador inglés del siglo XIX, fue un abanderado del Renacimiento Gótico. En su obra *Contrasts* (1836) afirmaba que el gótico sólo podría afianzarse en una sociedad católica. John Ruskin (1819-1900), artista, científico, filósofo e influyente crítico de arte. Fue uno de los padres del medievalismo y mentor y soporte teórico del movimiento de las Arts&Crafts y los pintores prerrafaelitas.

arrolladas por autores de los que se declaraba seguidor, como Carlyle y Ruskin, y son estas mismas ideas las que establecen el punto de partida de la reflexión morrisiana una vez convertidas en el estímulo para demostrar la necesidad de proseguir con el progreso, pero, eso si, con un tipo de progreso que favoreciera a las clases sociales en peor situación. De este modo, la controvertida e inesperada conversión de Morris al socialismo supone la conclusión de una búsqueda de los medios necesarios para transformar la realidad en la que vivía y por la que sentía un rechazo visceral. En la teoría, su conversión no fue sino una toma de conciencia, un darse cuenta, de que su visión de la sociedad coincidía con la de Karl Marx en todo lo esencial.

2. Las conferencias como piezas literarias y filosóficas

El largo camino recorrido por Morris en la construcción de esa su síntesis filosófica tan particular está en las conferencias, un conjunto de ensayos cortos leídos ante los auditorios más dispares por todo el Reino Unido. Morris habló en escuelas de arte y diseño, en círculos culturales del más alto copete —como Oxford, por ejemplo—, en las reuniones de asociaciones como la Society for the Protection of Ancient Buildings, que él mismo fundó, o la Arts and Crafts Exhibition Society, en clubes y ateneos obreros, en sedes de los sindicatos y en locales de reunión de su partido. Morris empezó a conferenciar en 1877. Por aquel entonces, ya era un diseñador y un empresario de éxito, un escritor famoso y un artista conocido por su vinculación con el segundo prerrafaelismo.

La voluntad de hacerse entender explica el estilo sobrio de estos textos, muy diferente del de sus escritos literarios, sean poesía, traducciones o novelas. Como literato, a Morris se le incluye normalmente en el movimiento simbolista. Para él, la literatura consistía en la creación de un mundo irreal y de ensueño donde encontrar y disfrutar de la belleza en su plenitud. Muchos de sus escritos están considerados literatura de evasión en el sentido que lo podían ser los temas tratados por Richard Wagner —por otra parte, los mismos que Morris abordó— o los libros de John Ronald Reuel Tolkien. En ellos, además, se dedicó a la recuperación de un inglés arcaico en el que siempre prefería las palabras de raíz anglosajona a las derivadas del latín. En cambio, en las conferencias, Morris se esforzó por usar el len-

Introducción: el pensamiento de William Morris a través de las conferencias

guaje más directo, claro y comprensible que pudo y quiso siempre evitar el recargamiento retórico tan característico de los oradores victorianos. Será por ese motivo que, como ya sugirió en su día E. P. Thompson, literariamente hablando, las conferencias son sus escritos más actuales, los que mejor han superado el paso del tiempo.[3]

3. Las etapas de su pensamiento a través de las conferencias
Por lo que concierne a la evolución de su pensamiento, sea por criterios biográficos, sea por los temas tratados y el enfoque dado a los mismos, lo más habitual entre los estudiosos de su obra es agrupar las conferencias en tres grandes etapas. La primera comprende las escritas entre 1877 y diciembre de 1882. Se las conoce como «las primeras conferencias» y corresponden a la fase de formación de su pensamiento. La segunda etapa comprende las escritas entre enero de 1883 y finales de 1890, cuando se publicó la última entrega de la novela *News of Nowhere* en el periódico de la Socialist League, el *Commonweal*, que financiaba Morris personalmente. Son denominadas «las conferencias socialistas». En la tercera etapa, la de «las últimas conferencias», entre 1891 y 1896, Morris siguió conferenciando con frecuencia pero de manera muy distinta, ya no como agitador político, sino como insigne invitado que representa el papel de sabio que, si comenta las cosas de la actualidad, lo hace desde una cierta distancia y, por lo general, vuelve a recapacitar acerca de sus ideas generales.

Al considerar las primeras conferencias en su conjunto, se puede apreciar cómo Las artes menores supone un punto de partida a partir del cuál Morris irá profundizando en las cuestiones tratadas en conferencias siguientes, matizando los aspectos que le parecen más complejos y desarrollando poco a poco su propia posición. Cada conferencia está dedicada preferentemente a un único tema aunque el argumento de fondo no se modifica, simplemente se va enriqueciendo. En 1882 publicó una selección de cinco de estos escritos a la

---

3. Ver Thompson, Edward Palmer, *William Morris. Romantic to Revolutionary* (1955), Merlin Press, Londres, 1977/2a. Hay una traducción española publicada en 1988 por la Fundación Alfons el Magnànim de Valencia.

que puso por título *Esperanzas y temores para las artes*. En esa época está reflexionando sobre las causas de la patente degradación estética de, las artes en general, el entorno doméstico y el paisaje urbano y rural. Morris parte de la situación de las artes para desarrollar las implicaciones del fenómeno hasta llegar a un diagnóstico de la sociedad en la que vive como base para formular su visión política.

La originalidad de estos textos depende también, y muy especialmente, de su peculiar visión de las artes y, en particular, del tratamiento de temas que pronto constituirán las cuestiones clave de la Teoría del Diseño como disciplina y, también aunque en menor medida, de la reflexión sobre la arquitectura. Morris trató cuestiones tan vigentes aún hoy en día como el fenómeno de la moda; los fundamentos estéticos del diseño por oposición a las artes plásticas; aspectos concretos del diseño según el carácter de las distintas artes y de los productos, fueran estos caros o baratos, y las pautas de diseño apropiados a cada caso;[4] las razones del mal gusto –o, lo que es lo mismo, de la incompetencia estética de los consumidores, sea cual sea la clase social a la que pertenecen y el grado de educación que tengan. También analiza los motivos del fracaso de sus antecesores en la reforma de las artes, fueran estas aplicadas –como en el caso de Cole– o Bellas Artes –como en el caso de sus amigos y colegas Prerrafaelitas o simbolistas–; las perspectivas de unas Bellas Artes cada vez más ensimismadas y alejadas del público y los peligros de un arte, como el que se propuso desde la vanguardia, que favorece ese distanciamiento; el fenómeno del consumo y los criterios de valoración utilizados por los consumidores; los sistemas de producción a través de la historia y la dinámica del trabajo en cada caso; el fenómeno de la alienación tanto en el trabajo como en el consumo; la incidencia de las máquinas en el proceso de diseño y en la calidad de los resultados, etc. En este sentido, y a pesar de lo que se dice habitualmente, Morris nunca afirmó que el hecho de trabajar en un telar mecánico fuera la causa de los malos diseños tan comunes en el mercado de entonces. Él había trabajado con todo tipo de telares, desde los más artesanales hasta los

---

4. Ver Calvera, Anna, «La modernidad de William Morris», *Temes de Disseny*, n° 14, Servei de Publicacions Elisava, Barcelona, diciembre de 1997, pp. 60-75.

Introducción: el pensamiento de William Morris a través de las conferencias

Jacquards más sofisticados de la época: sabía perfectamente qué era una máquina y cuán diferente era una máquina de lo que es «la máquina», o sea el símbolo de un sistema productivo y económico determinado.⁵ Hay una frase suya que refleja perfectamente su posición al respecto. De las máquinas afirmó que eran «como el fuego, malos amos, buenos servidores»⁶ y esta distinción le permitió matizar mucho su posición ante el sistema industrial. Con todo, si bien es cierto que Morris pensaba que la mala calidad en el diseño no dependía de la mecanización del proceso de fabricación, sino pura y exclusivamente de la competencia del diseñador, al hablar de la máquina como fenómeno histórico arremete contra el sistema que convertía los objetos en mercancías cuya única finalidad era ser vendidas y contribuir al incremento de beneficios. En ese sistema económico las mercancías estaban elaboradas por obreros, es decir, trabajadores que ya no eran ni artesanos ni operarios, condenados por el sistema de la división del trabajo a obrar alienados respecto al cultivo de sus facultades humanas y al resultado de su esfuerzo.

En las primeras conferencias se configura lo que, según el diseñador Gui Bonsiepe, sigue siendo una de las principales aportaciones de Morris a la comprensión del diseño y de la modernidad, a saber: haber puesto de relieve la estrecha vinculación existente entre la producción y el consumo en la economía y la sociedad industrial.⁷

La segunda etapa, la de las conferencias socialistas, comprende las escritas entre principios de 1883 y finales de 1890. Viene marcada por dos acontecimientos fundamentales en la vida de Morris que quedan perfectamente reflejados en su pensamiento: a finales de 1882, se afilió a la Democratic Federation, donde conoció a Engels, a la familia Marx, y a su dirigente Henry M. Hyndman quien le dio a conocer la obra de Marx. Este hecho no deja de ser original: Morris decidió

---

5. La distinción conceptual entre las máquinas en general y «la máquina» como denominación para un período histórico determinado se debe a Lewis Mumford. Ver *Técnica y civilización* (1934), Alianza, Madrid, 1971, cap. 1, p. 29.
6. Carta del 4 de septiembre de 1882 en Morris, May (ed.), *William Morris, Artist, Writer, Socialist*, vol. II, Basil Blackwell, Oxford, 1936, p. 584.
7. Ver Gui Bonsiepe, «Alternativas para el diseño industrial en países dependientes», *DIN* 80/2, agosto 1980, p. 24.

afiliarse a un partido marxista sin haber leído a Marx. A finales de 1884, Morris, Engels y Eleanor Marx abandonaron la Democratic Federation por discrepancias con Hyndman sobre la conveniencia de participar en el Parlamento y fundaron la Socialist League, un grupúsculo izquierdista que Morris terminó por abandonar también a finales de 1890, al perder el control frente a los anarquistas.

Vistas en conjunto, las conferencias socialistas constituyen el cuerpo principal del pensamiento de Morris. Se lo puede definir a grandes rasgos como una relectura de Ruskin a la luz de Marx. Si, como es bien sabido, la operación realizada por Marx consistió en invertir a Hegel, Morris hizo lo propio con Ruskin. Ahora bien, si la relectura de Ruskin en términos marxistas puede explicar la originalidad de Morris en el contexto del pensamiento inglés, que sea Ruskin el objeto de la relectura establece la originalidad de Morris en la tradición del pensamiento marxista. En cuanto a la temática tratada, el acento recae en los aspectos políticos y sociales y se caracteriza por el uso de la historia como método de comprensión de la realidad tratada, tal y como ya sucedía en los textos anteriores. Además, en esta etapa abundan los escritos que reflexionan sobre la actualidad política y sobre cuestiones concretas del activismo.

La tercera etapa del pensamiento de Morris tiene un carácter muy distinto. Para no perder el contacto con sus compañeros de partido más próximos, creó una pequeña célula para el debate, la Hammersmith Socialist Society, que se reunía en el sótano de su casa y a la que ocasionalmente asistían exponentes del ambiente político del momento, como los jóvenes de la Fabian Society a la que pertenecían su hija May Morris y George Bernard Shaw. Si bien la labor de proselitismo político de Morris no se interrumpió con su salida de la Socialist League, él había quedado totalmente al margen de la evolución real del movimiento obrero. En la década de 1890, los sindicatos, ya muy potentes, habían decidido participar en la lucha parlamentaria y fundaron el Independent Labour Party. Ofrecieron a Morris un cargo honorífico en el nuevo partido, pero él rehusó alegando su edad y los primeros síntomas de la enfermedad de la que moriría.

Su retirada de la política activa explica que los temas tratados en esa última época fuesen algo distintos a los de etapas anteriores. Por una parte, Morris retomó los temas artísticos pero desde una vertiente más

Introducción: el pensamiento de William Morris a través de las conferencias

científica en lo que respecta a su desarrollo histórico. Se observa ahí el profundo conocimiento que Morris tenía de la Historia y de los métodos de investigación historiográficos. También volvió a escribir novelas, muchas situadas en el pasado y en el mundo de las hadas, pero estas ya no son textos sobre un mundo irreal de sueños y belleza inaccesible. Además, emprendió una nueva aventura artística y empresarial en el sector diseño. Seguía diseñando papeles pintados y estampados de algodón para Morris & Co, pero en ese momento su interés se concentraba en el sector de las artes gráficas. Fundó una imprenta, la Kelmscott Press, para la que diseñó dos alfabetos, iniciales ilustradas y ornamentos xilográficos. La Kelmscott Press inició lo que se conoce en historia del diseño como movimiento de las imprentas privadas, esas imprentas que, fieles al espíritu de las Arts & Crafts, pusieron en marcha la edición moderna de bibliófilo. Las artes gráficas, la imprenta y su historia ocuparán varias de sus conferencias de esta época. Pero que Morris retomara la temática artística no quiere decir que hubiera renunciado a sus ideas políticas ni que su pensamiento cambiara en lo esencial. Como se aprecia en las conferencias de carácter general, también retomó alguno de los temas que más le habían interesado a lo largo de su carrera y se dedicó a recapacitar sobre los mismos. Un último detalle, al hablar de política: en esta época ya utilizaba frecuentemente el término comunismo para referirse a la sociedad del futuro.

4. A modo de conclusión: la síntesis morrisiana

En definitiva, la reflexión de Morris puede ser perfectamente considerada como un intento de no desvincular entre sí los distintos ámbitos del comportamiento humano, mediante una visión omnicomprensiva de la realidad social. La suya es una reflexión sobre la sociedad a través de sus formas históricas, a la busca de un modelo que permita el desarrollo pleno de todas las facultades humanas e integre los comportamientos individuales para forjar una vida mejor. Vista en perspectiva, probablemente lo que mejor define la aportación histórica de Morris es el hecho de ser uno de los tentativos más serios hechos nunca para comprender la lógica y el funcionamiento de la vida cotidiana en la sociedad moderna.

El objetivo de esta antología consiste, por tanto, en ofrecer una visión integral del pensamiento de William Morris, una figura dominante en el ambiente cultural y filosófico anglosajón durante la última etapa de la época victoriana que, sin embargo, no es bien conocida fuera de su propio país. Han existido varias traducciones al castellano de su novela *Noticias de ninguna parte* (1890)[8]; en los años setenta se tradujeron algunas, muy pocas, de sus conferencias y artículos de prensa, pero nada más hasta la aparición de la presente antología.[9] No estaría de más, sin embargo, incorporar en el futuro otras traducciones a sucesivas ediciones y presentar aquellos escritos de Morris que tratan más detalladamente aspectos de las artes y del diseño, tan poco estudiados aún hoy.

---

8. Morris, William, *Noticias de Ninguna Parte*, Ricou-Hacer, Barcelona, 1981 y Minotauro, Barcelona, 2004. La Mancomunitat de Cataluña publicó una traducción en 1918 avalada por Eugenio d'Ors.
9. Morris, William, *Arte y sociedad industrial*, Fernando Torres Editor, Valencia, 1977. Prólogo de Vicente Aguilera Cerni. Hay algunas traducciones de conferencias de Morris editadas por grupos anarquistas antes y durante 1936. Ver Lemire, Eugene D.: *The Unpublished Lectures of William Morris*, Wayne State University Press, Detroit, 1969, Anexo II.

Manifiesto de la Society for the Protection of Ancient Buildings (1877)*

Una sociedad que se presenta ante el público con un nombre como el arriba indicado debe por necesidad explicar cómo y por qué se propone proteger aquellas construcciones antiguas que, según la mayoría de la gente sin duda, parecen tener tantos y tan excelentes protectores. Esta es, por tanto, la explicación que nosotros ofrecemos.

Es indudable que en los últimos cincuenta años ha surgido –casi como si de un nuevo sentido se tratara– un renovado interés por estos antiguos monumentos artísticos y que se han convertido en objeto de muy interesantes estudios y de un entusiasmo religioso, histórico y artístico que constituye uno de los grandes logros de nuestro tiempo. Pese a ello, creemos que, de continuar el tratamiento que se le da a los mismos en la actualidad, nuestros descendientes los encontrarán imposibles de estudiar y de un entusiasmo gélido. Creemos que estos últimos cincuenta años de conocimiento y de atención han hecho más

---

* Hacía pocos días que una carta indignada de Morris había aparecido en los periódicos. Protestaba ante la noticia de que otro edificio antiguo iba a ser restaurado y animaba a organizar una asociación que se dedicara a luchar para preservar estos edificios y conservarlos en su estado original. Pronto se formaría la Society for the Protection of Ancient Buildings, conocida popularmente como la Anti-Scrape o sociedad protectora de la pátina de los edificios antiguos porque luchaba contra el raspado de las fachadas. La asociación tuvo bastante éxito entre el público y pronto vio aumentar sus miembros, incluyendo al propio John Ruskin. Muchas de las primeras conferencias de Morris fueron preparadas con motivo de las actividades desarrolladas por la sociedad y fue esta actividad pública la que le indujo a profundizar en el conocimiento de la historia y sus métodos de trabajo (n. de la int.).

por su destrucción que todos los siglos precedentes de revolución, violencia y desprecio.

Pues tras un largo declive, la arquitectura se extinguió, al menos como arte popular, justo cuando nació el conocimiento del arte medieval, por lo que el mundo civilizado del siglo XIX no posee un estilo propio a pesar de su amplio conocimiento de los estilos de otros siglos. De esta carencia y de este beneficio surgió en la mente de los hombres la extraña idea de la restauración de construcciones antiguas, una idea extraña y pésima, cuyo propio nombre implica que es posible eliminar de una construcción esta parte de la historia, aquella y otra más –es decir, su vida– y luego detenerse en algún punto arbitrario y aún preservar su historia y su vida como fueron en algún momento.

En épocas pretéritas este tipo de falsificación era imposible porque quienes las construían carecían del conocimiento para ello o quizás porque su instinto se lo impedía. Si hacían falta reparaciones, si la ambición o la devoción incitaban al cambio, dicho cambio era necesariamente efectuado según la inconfundible moda de la época; una iglesia del siglo XI podía ser ampliada o modificada en el siglo XII, XIII, XIV, XV, XVI o incluso en el XVII o XVIII, pero todo cambio –fuera cual fuera la historia que destruía– dejaba un resquicio de historia que seguía con vida a pesar de las reformas llevadas a cabo. El resultado de todo esto era a menudo una construcción en que los muchos cambios –aunque duros y bastante visibles– eran, por mero contraste, interesantes e instructivos y no podían inducir a engaño alguno. Pero quienes llevan a cabo los cambios en nuestros días con la etiqueta de restauración, pese a que pretenden devolverle a una edificación lo mejor de su historia, no poseen más guía que el capricho de cada uno para indicarles qué resulta admirable y qué despreciable, mientras que la propia naturaleza de su tarea les obliga a destruir algo y a suplir dicho vacío imaginando lo que los primeros constructores deberían o podrían haber hecho. Además, en el transcurso de este doble proceso de destrucción y de añadido se estropea necesariamente toda la superficie de la construcción, de forma que se elimina la apariencia de antigüedad de aquellas partes viejas de la estructura que quedan y no se permite al espectador intuir lo que se puede haber perdido; en resumen, el resultado último de todo este trabajo inútil es una falsificación débil y exánime.

Manifiesto de la Society for the Protection of Ancient Buildings

Resulta triste decir que, de esta forma, de las iglesias grandes –así como de un elevado número de construcciones más modestas– se han encargado a menudo tanto en Inglaterra como en el continente hombres de talento dignos de mejor oficio, mas sordos a las exigencias de la poesía y de la historia en el sentido más elevado del término.

Suplicamos por lo que aún queda ante nuestros arquitectos, ante los protectores oficiales de las edificaciones y ante el público en general y les rogamos que recuerden cuánto se ha perdido de la religión, del pensamiento y de las costumbres del pasado –casi nunca por acuerdo universal– que ha de ser restaurado y que consideren si es posible restaurar dichas construcciones, cuyo espíritu era parte inseparable de esa religión, de ese pensamiento y de esas costumbres del pasado, una idea en la que nunca se insistirá lo bastante. Por nuestra parte les aseguramos sin temor alguno que, de todas las restauraciones llevadas a cabo hasta la fecha, las peores han supuesto despojar con imprudencia a una construcción de algunas de sus características materiales más interesantes, mientras que las mejores tienen su analogía exacta en la restauración de un cuadro antiguo, en la que el trabajo parcialmente deteriorado de un artesano de antaño se ha vuelto terso y esmerado gracias a la mano habilidosa de algún pseudo-artista inconsciente y poco original de hoy día. Si se nos pide que precisemos qué cantidad exacta de arte, estilo u otro atractivo hace que una construcción merezca ser protegida, en ese caso contestamos que cualquier cosa que pueda percibirse como artística, pintoresca, histórica, antigua o sustancial: cualquier obra, en definitiva, sobre la que la gente culta y educada considere que merece la pena conversar.

Por consiguiente, es por todas estas construcciones de todas las épocas y todos los estilos por las que suplicamos e invocamos a todos quienes tienen que ver con ellas para que la protección se imponga a la restauración, para que se evite el deterioro mediante el cuidado diario, que se apuntalen muros en peligro o se arregle un tejado con goteras por los medios que más obvios resulten en cada caso, que no se haga ostentación de otras artes y, asimismo, que se evite estropear el material o el ornamento de la propia edificación; si se ha vuelto poco conveniente para su uso actual, que se erija otra construcción en vez de alterar o ampliar la vieja. En definitiva, que se trate a nuestras construcciones antiguas como a monumentos de un arte pretérito creado por unas costumbres pretéritas, en las que el arte moderno no puede entrometerse sin destruirlas.

De esta manera y sólo de esta manera evitaremos el reproche de que el saber se convierta en nuestra trampa. De esta manera y sólo de esta manera podemos proteger nuestras construcciones antiguas y legarlas como herencia instructiva y venerable a quienes vengan detrás nuestra.

LAS ARTES MENORES (1877)*

A continuación, en otra conferencia, espero tener el placer de ofrecerles a ustedes un estudio histórico de las artes menores o, como también se las denomina, artes decorativas, y debo confesar que me habría resultado mucho más agradable haber empezado mi charla ante ustedes adentrándome de inmediato en el tema de la historia de este gran oficio, mas como tengo algo que decir en una tercera conferencia sobre diversos asuntos relacionados con cómo se practica hoy día la decoración entre nosotros, siento que estaría adoptando una postura falsa ante ustedes, una que podría llevar a confusión o a un exceso de explicaciones si no les hago saber lo que pienso sobre la

---

* Conferencia a The Trades' Guild of Learning. Esta es probablemente una de las conferencias más conocidas de Morris. Sin embargo, pocas veces se ha profundizado en sus implicaciones políticas y sus corolarios para el significado de su obra y su método de trabajo. En este texto, Morris habla de las artes aplicadas dirigiéndose a colegas especialistas. La reflexión trata del sistema de las artes y de su estratificación clasista en la sociedad actual, poniendo en evidencia en qué medida han degenerado los productos existentes en el mercado, la relación con los objetos y los criterios utilizados en el consumo. El diagnóstico es claro: la incompetencia estética de la mayoría de las personas de su época, cualquiera que sea la clase social a la que pertenecen. Más allá de la descripción general, y de ese diagnóstico tan acertado –no hay que olvidar que fue por esa época cuando, en España, nació la palabra «cursi» como categoría estética mientras que en Inglaterra hicieron lo propio vocablos como «vulgar», que también pasó a ser una categoría estética, o «*nasty*», equiparable a «cursi» en muchos sentidos–, se puede observar en este texto un primer intento para comprender la naturaleza estética de estas artes en relación, y por oposición, a las Bellas Artes. Al tener que definir la utilidad como lo propio de esas artes, la dimensión social de las mismas aparece en toda su extensión, sea a través del consumo o de la organización del trabajo que las produce. A medida que Morris va desarrollando su argumentación, queda de manifiesto su posición política –en un momento de la conferencia cita

naturaleza y el alcance de estas artes, sobre su situación en la actualidad y sus perspectivas futuras. Al hacer esto es bastante probable que diga cosas con las que ustedes estén muy en desacuerdo; por tanto, debo pedirles desde un principio que crean que, dejando a un lado lo que culpe o lo que alabe, no tengo intención –cuando pienso en lo que ha sido la historia– de lamentar el pasado, despreciar el presente o perder la esperanza en el futuro, que creo que todo cambio y revuelo alrededor nuestra es una muestra de la vida del mundo y que redundará –por medios que en realidad no podemos intuir– en una mejora de toda la humanidad.

Ahora bien, en lo relativo al alcance y la naturaleza de estas artes, debo decir que, aunque cuando aborde el tema con más detalle no me detendré demasiado en el gran arte de la arquitectura y menos aún en las grandes artes a las que comúnmente llamamos escultura y pintura, a pesar de todo me resisto a separarlas de aquellas artes menores denominadas decorativas, de las que tengo que hablar; ha sido sólo en los últimos tiempos y en las más intrincadas condiciones de vida que se han separado las unas de las otras y yo mantengo que dicha separación es mala para las artes en su conjunto: las menores se vuelven triviales, mecánicas y burdas, incapaces de resistir los cambios que imponen la moda o la deshonestidad, mientras que las mayores, aunque durante un tiempo las practiquen hombres de mentes notables y manos sorprendentes, sin la ayuda de las menores y sin ayudarse unas

---

los ideales de la Revolución Francesa como referente– así como su visión y manejo de la Historia. Este es probablemente uno de los aspectos de la obra de Morris menos comprendida: su peculiar relación con la Historia. Si se la lee en términos de diseño, en la conferencia se percibe cuál era el papel que representaba el conocimiento histórico en su método de diseño y cómo valoraba la tradición; si se la lee en términos filosóficos, entonces la Historia aporta dos dimensiones: primero, la posibilidad de pensar en el futuro como una época distinta del presente y, en segundo lugar, la comprensión del presente por comparación con el pasado. Queda aquí claro que Morris no es un nostálgico del pasado, sino alguien que cree firmemente en la posibilidad de un futuro mejor para el conjunto de la humanidad. Un último detalle para traductores e intérpretes de su obra: en un determinado momento, cuando Morris considera la eficacia de la educación artística en las escuelas de diseño, ¡qué bien define la diferencia conceptual existente entre el dibujo y el diseño! Como muy bien advierte al hablar de lo importante que es aprender a dibujar, «el arte de dibujar no es ni será el arte de diseñar sino sólo un medio para este fin», a saber, formar «la capacidad general para tratar con las artes» (n. de la intr.).

a otras seguro que pierden su dignidad de artes populares y no se convierten sino en accesorios aburridos de la pompa absurda o en juguetes ingeniosos de unos pocos hombres ricos y ociosos.

A pesar de esto, no me planteo hablarles de arquitectura, escultura y pintura en el sentido más estricto de dichos términos, ya que me temo que por desgracia estas artes maestras, estas artes más especialmente del intelecto, se hallan hoy día desligadas de la decoración en su sentido más estricto. Nuestro tema es ese gran conjunto de arte mediante el cual los hombres de todas las épocas se han esforzado más o menos por embellecer los aspectos comunes de la vida diaria: un tema amplio, un gran sector, un gran oficio de la historia del mundo al tiempo que un instrumento de lo más útil para estudiar dicha historia.

Un gran sector en verdad que comprende las artes de la construcción, la pintura, la carpintería y la ebanistería, la herrería, la cerámica y la cristalería, el arte de tejer y otros muchos: un conjunto de artes de capital importancia para el público en general, pero más importante aún para nosotros los artesanos, pues apenas hay nada que él use y nosotros hagamos que no se considere terminado hasta que contenga una u otra forma de decoración. Cierto es que en muchos o la mayoría de los casos estamos tan acostumbrados a este adorno que nos parece que ha surgido por su cuenta y no le prestamos más atención que al musgo de las ramas secas con las que encendemos el fuego. ¡Tanto peor! Ya que ahí *hay* decoración o algún sucedáneo de ella y tiene –o debería tener– un uso y un sentido. Pues (y esta es la raíz de todo el asunto) todo lo que hace la mano del hombre tiene una forma que debe ser hermosa o fea, hermosa si está en armonía con la naturaleza y colabora con ella, fea si no está en sintonía con la naturaleza y le estorba, dicha mano no puede permanecer indiferente; por nuestra parte, nosotros estamos ocupados o inactivos, ilusionados o descontentos y nuestros ojos tienden a atrofiarse ante la inmensidad de formas de las cosas que siempre estamos mirando. Ahora bien, uno de los principales usos de la decoración, la faceta principal de su alianza con la naturaleza, es que tiene que agudizar nuestros atrofiados sentidos en este asunto; con este fin se entretejen esos diseños maravillosos y complejos, se inventan estas formas extrañas que los hombres han disfrutando tanto tiempo: formas y complejidades que no necesariamente imitan a la naturaleza, sino en las que la mano del artesano actúa de forma tal que el tejido, la taza o el cuchillo parecen tan naturales, mejor dicho, tan hermosos como el campo verde, la orilla del río o el pedernal de la montaña.

Proporcionarle a la gente placer con las cosas que por fuerza tiene que *usar*, esa es la gran tarea de la decoración, proporcionarle a la gente placer con las cosas que por fuerza tiene que *hacer*, esa es su otra gran utilidad.

¿No parece bastante importante ahora nuestro tema? Afirmo que sin estas artes nuestro descanso resulta vacuo y falto de interés, nuestro trabajo mero aguante, mero agotamiento del cuerpo y la mente.

En lo que respecta al segundo uso de estas artes, el de proporcionarnos placer en nuestro trabajo, apenas sé como hablar de él con contundencia y, a pesar de todo, si no supiera lo que vale repetir una verdad una y otra vez, tendría que pedirles que me disculparan por seguir hablando de ello si recuerdo lo que ha dicho al respecto un gran hombre que está vivo; me refiero a mi amigo el profesor John Ruskin: si ustedes leen en el segundo volumen de su libro *Las piedras de Venecia* el capítulo «Sobre la naturaleza del gótico y la función del trabajador en el mismo», leerán al mismo tiempo las palabras más sinceras y más elocuentes que decirse puedan sobre el tema.[1] Lo que tengo que decir al respecto apenas puede ser más que un eco de sus palabras, mas reitero que resulta útil repetir una verdad para que no se olvide. Por ello aventuro lo siguiente: todos sabemos lo que la gente ha dicho sobre la maldición del trabajo y qué absurdo tan penoso y absoluto resultan la mayoría de las palabras al respecto mientras que, en realidad, las verdaderas maldiciones de los artesanos han sido la maldición de la estupidez y la maldición de la injusticia interna y externa; no, no puedo suponer que haya aquí nadie que piense que una vida buena o divertida sea estar sentado de brazos cruzados sin hacer nada, vivir como un caballero según lo llaman los necios.

---

1. *Las piedras de Venecia* es una obra publicada en tres volúmenes entre 1851 y 1853 en la que Ruskin propone un estudio moral de la arquitectura. El conocido capítulo al que Morris alude aparece en el volumen II y compara la organización del trabajo del feudalismo con la del industrialismo victoriano, época que Ruskin consideraba materialista e inmoral (n. del t.).

Las artes menores

No obstante, *hay* un trabajo aburrido que hacer y resulta una tarea agotadora lograr que los hombres lo hagan y lo completen, y yo preferiría trabajar el doble con mis propias manos que tener tal oficio; mas dejemos ahora que las artes de las que estamos hablando embellezcan nuestro trabajo y que sean ampliamente difundidas, inteligentes y bien comprendidas tanto por quien las crea como por quien las usa, dejemos que en una palabra se vuelvan *populares* y casi habremos logrado poner fin del todo al trabajo aburrido y a su agotadora esclavitud; ningún hombre tendrá ya excusa alguna para hablar de la maldición del trabajo, ningún hombre tendrá ya excusa alguna para eludir la bendición del trabajo. Creo que no hay nada que vaya a contribuir al progreso del mundo como lograr esto, declaro que no hay nada en el mundo que yo desee tanto, vinculado (como estoy seguro que está) a cambios políticos y sociales que de una u otra manera todos nosotros deseamos.

Ahora bien, si se plantea la objeción de que estas artes han sido las doncellas del lujo, la tiranía y la superstición, por fuerza he de decir que es cierto en parte, al igual que así se ha usado a otras cosas excelentes. Mas también es cierto que en algunas naciones la época de mayor vigor y libertad ha sido la época de mayor florecimiento del arte mientras que, al mismo tiempo, he de reconocer que estas artes decorativas han prosperado en pueblos oprimidos que parecían no tener esperanza alguna de libertad; con todo, no creo que nos equivoquemos al pensar que en tales épocas, en tales pueblos, el arte al menos era libre; cuando no lo ha sido, cuando se ha visto realmente oprimido por el lujo o la superstición, enseguida ha empezado a enfermar por culpa de dicha opresión. Tampoco deben ustedes olvidar que cuando los hombres dicen que los papas, los reyes o los emperadores construyeron tal o cual edificación no es más que una forma de hablar. Miren en sus libros de historia quién construyó la Abadía de Westminster, quién construyó Santa Sofía en Constantinopla y les dirán que Enrique III, que el emperador Justiniano. ¿Lo hicieron ellos o, más bien, hombres como ustedes y como yo, artesanos que no han dejado nombre alguno tras de sí, nada más que su trabajo?

Ahora bien, así como estas artes atraen la atención y el interés de la gente por cuestiones de la vida diaria en la actualidad, del mismo modo –y creo que no es cuestión baladí– atraen nuestra atención por cada estadio de esa historia de la que, como he dicho antes, forman una parte tan notable, ya que no ha habido nación alguna o estado alguno (por muy inculto que fuera) que careciera de ellas por completo; mejor dicho, no son pocos los pueblos de los que apenas sabemos nada salvo que consideraban hermosa tal o cual forma. Tan poderoso es el vínculo entre la historia y la decoración que al practicar esta última no podemos, aunque queramos, librarnos completamente de la influencia de épocas pasadas en lo que hacemos ahora. No creo que resulte excesivo asegurar que ningún hombre –por muy original que sea– puede sentarse hoy día y dibujar el adorno de un tejido o la forma de un recipiente común o de un mueble sin que ello no sea más que el desarrollo o la degradación de formas usadas hace cientos de años; formas estas que, con mucha frecuencia, una vez tuvieron un significado solemne, aunque ahora se hayan convertido en poco más que en un ejercicio manual; formas que quizás una vez fueron símbolos misteriosos de cultos y creencias ahora apenas recordados o totalmente olvidados. Quienes han llevado a cabo con diligencia el delicioso estudio de estas artes son capaces de vislumbrar –como a través de una ventana– la vida del pasado: los comienzos mismos del pensamiento en naciones que ni siquiera podemos nombrar, los terribles imperios del antiguo Oriente, el vigor y la gloria libres de Grecia, el peso grave y el férreo control de Roma, la caída de su imperio temporal que tanto propagó el bien y el mal alrededor del mundo que los hombres no pueden ni olvidarlo ni dejar de sentirlo, el choque entre Este y Oeste, Norte y Sur por su rica y fructífera hija Bizancio, el ascenso, las discordias y la decadencia del Islam, los periplos de Escandinavia, las Cruzadas, la fundación de los estados de la Europa moderna, las luchas del pensamiento libre contra el moribundo sistema antiguo; con todos estos acontecimientos y con su significado está entrelazada la historia del arte popular; con todo esto, afirmo, ha de estar familiarizado quien estudie con esmero la decoración como un oficio histórico. Cuando pienso en esto y en la utilidad de todo este conocimiento en una época en la que, entre nosotros, la historia se ha convertido en un estudio tan concienzudo como para habernos proporcionado –como quien dice– un nuevo sentido, en una época en la que tanto ansiamos conocer la realidad de todo lo que ha ocurrido y en la que los aburridos listados de batallas e intrigas de reyes y bribones ya no nos van a distraer más. Afirmo que, cuando pienso en todo esto, me cuesta decir que el entrelazado de las artes decorativas con la historia del pasado es de menor importancia que su relación con la vida actual, ¿acaso estos recuerdos no deberían formar parte también de nuestra vida diaria?

Y ahora permítanme recapitular un poco antes de continuar, antes de que empecemos a analizar la condición de las artes en la actualidad. Estas artes, he asegurado, forman parte de un gran sistema inventado para la expresión del deleite del hombre en la belleza: todos los pueblos y todas las épocas han hecho uso de ellas, han sido el gozo de las naciones libres y el solaz de las naciones oprimidas, la religión las ha usado y las ha elevado, ha abusado de ellas y las ha degradado, están vinculadas a toda la historia y son claras maestras de la misma y lo mejor de todo es que dulcifican el trabajo humano, tanto el del artesano que se pasa la vida entregado a ellas como el de la gente en general que se ve influida al verlas en cada instante de su trabajo diario. Estas artes hacen más feliz nuestro trabajo, más provechoso nuestro descanso.

Y ahora, si todo lo que he dicho no les parece más que una mera alabanza atónita de estas artes, debo asegurarles que por algo lo que he formulado ante ustedes ha seguido este planteamiento.

Es porque ahora debo hacerles esta pregunta: todas estas cosas buenas, ¿las quieren ustedes o van a deshacerse de ellas?

¿Les sorprende mi pregunta, a ustedes, la mayoría de los cuales se dedican al igual que yo a artes que son o deberían ser populares?

Para explicarme debo repetir un poco lo que ya he dicho. Un tiempo hubo en que el misterio y el asombro de la artesanía eran harto reconocidos en todo el mundo, en que la imaginación y la fantasía se mezclaban con todo lo que el hombre hacía y en aquellos días todos los artesanos eran artistas, como ahora deberíamos llamarlos. Pero el pensamiento del hombre se volvió más intrincado, más difícil de expresar; se hizo más arduo ocuparse del arte y su trabajo se repartió más entre hombres grandes, hombres menores y hombres pequeños hasta que el arte, que una vez fue poco más que descanso para el cuerpo y el alma cuando la mano blandía la lanzadera o asía el martillo, para algunos hombres se convirtió en un trabajo tan serio que su vida laboral ha sido una larga tragedia de esperanza y miedo, de gozo y pesar. Este fue el crecimiento del arte: como todo crecimiento fue bueno y provechoso un tiempo; como todo crecimiento provechoso derivó en decadencia, como toda decadencia de lo que una vez fue provechoso, derivará en algo nuevo.

En decadencia pues, al escindirse las artes en mayores y menores, surgieron de un lado el desprecio y de otro la despreocupación, ambos engendrados por la ignorancia de esa *filosofía* de las «artes decorativas» que acabo de intentar esbozar ante ustedes. El artista surgió de los artesanos y los dejó sin esperanza alguna de mejora, mientras él mismo se quedaba sin la ayuda de un apoyo inteligente y aplicado. Ambos han sufrido, el artista no menos que el trabajador. Le sucede al arte lo que a una compañía de soldados ante un reducto cuando el capitán se abalanza lleno de esperanza y energía, mas sin mirar atrás para ver si sus hombres le siguen y estos se quedan rezagados al no saber por qué se les ha llevado a morir allí. La vida del capitán se malgasta en vano y sus hombres son tristes prisioneros en el reducto de la brutalidad y la desdicha.

Con palabras llanas debo afirmar de las «artes decorativas» y de todas las artes que no es tanto que seamos inferiores a todos los que nos han precedido, sino que se hallan en un estado de anarquía y desorganización tal que hace que un cambio radical resulte necesario e inevitable.

Así que de nuevo hago mi pregunta: ¿todos esos buenos frutos que deberían proporcionar las artes, los quieren ustedes o van a deshacerse de ellos? ¿Ese cambio radical que ha de sobrevenir será un cambio para perder o para ganar?

Quienes creemos en la vida continua del mundo sin duda tenemos la obligación de esperar que dicho cambio nos traiga ganancia y no pérdida y de esforzarnos por lograr dichas ganancias.

Con todo, ¿quién puede decir cómo responderá el mundo a mi pregunta? Un hombre en su corta vida apenas puede ver en la lejanía y en la mía han llegado a suceder incluso cosas maravillosas e inesperadas. Por fuerza tengo que asegurar que en eso radica mi esperanza y no en todo lo que veo que ocurre a nuestro alrededor. Sin cuestionar que si las artes imaginativas perecen, algo nuevo (ni siquiera intuido ahora) *pueda* plantearse para compensar su pérdida en la vida de los hombres, no puedo sentirme feliz ante tal panorama ni tampoco creer que la humanidad siempre soportará tal pérdida, pero mientras tanto el estado actual de las artes y su relación con la vida moderna y con el progreso me parece que apuntan –al menos en apariencia– a este futuro inmediato: el mundo, que durante mucho tiempo se ha ocupado de cuestiones ajenas a las artes y ha dejado de forma poco cuidadosa que se hundan cada vez más, hasta que muchos hombres no incultos (ignorantes de lo que una vez fueron y sin esperanza en lo que puedan llegar a ser) las miren con desprecio; que el mundo, digo, así ocupado y apresurado, limpie un día la pizarra y en su impaciencia se libre por completo de todas sus molestias y marañas.

¿Y entonces, entonces qué?

Incluso ahora, en medio de la miseria de Londres, cuesta imaginar lo que habrá. La arquitectura, la escultura y la pintura, además de la multitud de artes menores que les pertenecen, todas estas, junto a la música y la poesía, yacerán muertas u olvidadas, ya ni entusiasmarán ni entretendrán a la gente lo más mínimo pues, de nuevo, no debemos engañarnos: la muerte de un arte significa la muerte de todas las demás, la única diferencia en su destino será que la más afortunada será la última en ser devorada –la más afortunada o la menos. Todo lo que tiene que ver con la belleza, la inventiva y el ingenio del hombre habrá llegado a un punto muerto y durante todo ese tiempo la naturaleza continuará con su eterna reiteración de hermosos cambios: primavera, verano, otoño e invierno; sol, lluvia y nieve; tormenta y buen tiempo; alba, mediodía y atardecer; día y noche –dando siempre testimonio de que el hombre ha escogido de forma deliberada la fealdad en vez de la belleza y vivir donde más le rodean la miseria y el vacío más absoluto.

Ven ustedes, señores, que no podemos llegar a imaginarlo, igual que quizás nuestros antepasados del Londres antiguo que vivían en hermosas casas cuidadosamente blanqueadas sobre las que se alza la iglesia famosa y su capitel inmenso, igual que ellos, al pasear por los bellos jardines que descendían hasta el ancho río, no podían haberse imaginado un condado o más cubiertos por entero de tugurios horrendos grandes, medianos y pequeños a los que un día llamaríamos Londres.

Señores: afirmo que este vacío total de las artes que me horroriza resulta difícil de imaginar incluso ahora; con todo, me temo que debo afirmar que si no ocurre será debido a algún giro en los acontecimientos que no podamos prever en la actualidad, mas sostengo que si llega a ocurrir, será por poco tiempo, que no será sino quemar un montón de hierbajos para que el campo germine más abundantemente. Sostengo que después de un tiempo los hombres despertarán, mirarán a su alrededor y encontrarán el tedio insoportable y empezarán una vez más a inventar, a imitar y a imaginar como en épocas anteriores.

Esta confianza me reconforta y puedo asegurar con tranquilidad que si ese vacío ha de ocurrir, ocurrirá, y en medio de su oscuridad la nueva semilla ha de brotar. Así ha sido en el pasado: primero deviene el nacimiento y la esperanza apenas consciente de sí misma, luego la flor y el fruto de la maestría con una esperanza bastante consciente que deriva en insolencia cuando la decadencia sigue a la madurez y, luego, de nuevo el renacer.

Entretanto, es el claro deber de todos quienes se toman las artes en serio hacer todo lo que esté en su mano por salvar al mundo de lo que, en el mejor de los casos, será una pérdida, resultado de la ignorancia y la insensatez; por impedir, de hecho, el más descorazonador de todos los cambios: suplir el lugar de una brutalidad extinta por una nueva. Mejor dicho, incluso si quienes realmente se interesan por las artes son tan pocos y débiles que no pueden hacer otra cosa, quizás su cometido sea mantener viva alguna tradición, algún recuerdo del pasado para que cuando la nueva vida llegue no se malgaste más de lo necesario en crear formas totalmente nuevas para su nuevo espíritu.

¿Dónde buscarán ayuda quienes realmente entienden las ventajas de un gran arte en el mundo y la pérdida de paz y buen vivir que resultará de su ausencia? Creo que deben empezar reconociendo que el arte antiguo, el arte de la inteligencia inconsciente como deberíamos llamarlo, cuyo inicio impreciso se remonta al menos a esas muescas geniales en huesos de mamut y similares hallados en un terreno no hace sino unos días, que este arte de la inteligencia inconsciente está casi muerto; que lo poco que queda de él perdura en las naciones medio civilizadas y se está volviendo más burdo, más pobre y menos inteligente cada año; mejor dicho, en su mayor parte está a merced de algún accidente comercial como la llegada de unos pocos cargamentos de tintes europeos o de varias docenas de pedidos de comerciantes europeos; esto han de reconocerlo y han de confiar en comprobar que al cabo del tiempo su lugar lo ocupe un arte nuevo de la inteligencia consciente, el nacimiento de modos de vida más sabios, sencillos y libres que los que en el mundo hay ahora o ha habido en el pasado.

He dicho comprobar al cabo del tiempo. No quiero decir que nuestros propios ojos vayan a verlo, puede que sea algo tan lejano –como en efecto les parece a algunos– que muchos crean que apenas merece la pena pensar en ello; mas algunos no podemos mirar hacia otro lado o sentarnos sin hacer nada porque nuestra esperanza parezca algo tenue. Efectivamente, creo que mientras nos resultan bastante obvios a nuestro alrededor los indicios de la última decadencia del arte antiguo con todos los males que le siguen, así por otra parte no faltan indicios del nuevo alba más allá de la posible noche de las artes a la que antes he aludido; principalmente el indicio de que al menos hay algunos que están del todo descontentos con el estado de cosas y ansían algo mejor o, al menos, un atisbo de ello. Este es el mejor de los indicios, pues supongo que si en cualquier época media docena de hombres se esfuerzan de todo corazón por crear algo que no vaya en contra de la naturaleza, esto llegará a ocurrir un día u otro porque una idea no aflora en la mente de unos cuantos por casualidad, sino porque se la impone y les conmina a hablar o a actuar algo que bulle en el corazón del mundo y que, de no ser así, jamás llegaría a expresarse.

¿Con qué medios contarán entonces para trabajar quienes anhelan la reforma de las artes y a quién buscarán para que prenda su deseo impaciente de poseer la belleza y, mejor aún, de desarrollar la facultad que crea la belleza?

La gente me dice bastante a menudo «si quieres que tu arte tenga éxito y prospere debes ponerlo de moda», palabras que debo confesar me molestan, ya que lo que quieren decir es que debería pasarme uno o dos días de trabajo intentando convencer a gente rica (y se supone que influyente) de que les interesa mucho lo que en realidad no les interesa lo más mínimo para que el proverbio se cumpla: si alguien se tira por un barranco, todos le seguimos. Bien, quienes dan tales consejos tienen razón si se contentan con que la cosa no dure más que un poco, digamos hasta que se consiga un poco de dinero, si es que no te arrastra la corriente. Por lo demás se equivocan: la gente en la que piensan cuenta con demasiados recursos y se puede permitir dar la espalda a algo que no funciona como para poder trabajar seguro según sus caprichos; no es culpa suya, no pueden evitarlo, pero no tienen ocasión de dedicarle suficiente tiempo a las artes como para saber nada práctico de ellas y deben, por fuerza, ponerse en manos de quienes se pasan el tiempo imponiendo la moda en uno u otro sentido según les convenga.

Señores: no hay ayuda alguna que recibir de estos últimos o de quienes se dejan guiar por ellos; la única ayuda verdadera para las artes decorativas ha de proceder de quienes las trabajan y tampoco estos han de seguir a nadie, sino que hay que seguirlos a ellos.

Ustedes, cuyas manos hacen cosas que debieran ser obras de arte, todos ustedes han de ser artistas y además buenos artistas antes de que el público en general se pueda interesar de verdad por tales cosas y, cuando ustedes lleguen a serlo, les prometo que impondrán la moda, la moda seguirá sus manos con suma obediencia.

Este es el único modo en que podemos conseguir una provisión de arte popular inteligente: unos cuantos artistas de los así llamados ahora, ¿qué pueden hacer trabajando ante los obstáculos que pone en su camino lo que se llama comercio, pero que debería llamarse codicia de dinero? Trabajando inútilmente entre la multitud de a quienes de forma ridícula se llama fabricantes, es decir, artesanos, pese a que la mayor parte de ellos no ha hecho un trabajo a mano en su vida y no son más que capitalistas y vendedores. ¿Qué pueden hacer estos granos de arena, digo, en medio de la enorme masa de trabajo que se fabrica cada año y que de alguna manera pretende ser arte decorativo, pero a cuya decoración nadie hace caso salvo los vendedores que la ofrecen y que se esfuerzan por satisfacer las ansias del público por algo nuevo, no por algo hermoso?

El remedio, repito, es obvio si puede aplicarse: el artesano, al que el artista dejó rezagado cuando las artes se escindieron, debe ponerse a la altura de este, debe trabajar junto a él. Exceptuando la diferencia entre un gran maestro y un estudioso y las diferencias de aptitudes naturales de las mentes de los hombres (que de un hombre harían un imitador y de otro un artista arquitectónico o decorativo), no debería diferenciarse entre quienes se dedican a un trabajo estrictamente ornamental. Y el grupo de artistas que se encarga de ello con su arte debería convertir en artistas también a todos los que crean cosas, en proporción a las necesidades y los usos de las cosas que hagan.

Yo sé cuáles son los tremendos obstáculos (sociales y económicos) que hay en este camino; con todo, creo que parecen mayores de lo que son y de algo estoy seguro: ningún arte decorativo real y vivo es posible si esto es imposible.

No es imposible. Por el contrario, seguro que llegará a suceder si de corazón se desea estimular las artes, si el mundo sacrifica (en aras de la belleza y la decencia) algunas de las cosas a las que tanto tiempo dedica (muchas de las cuales creo no merecen la pena), el arte empezará a crecer de nuevo. En lo que respecta a los obstáculos antes mencionados, me consta que algunos se disiparán ante el cambio firme de las condiciones relativas de los hombres; a los demás los desvanecerán poco a poco la razón y la atención fija a las leyes de la naturaleza (que también son las leyes del arte). Una vez más, no habrá que ir muy lejos a buscar el camino si la voluntad está de nuestro lado.

Con todo, si contamos con la voluntad y aunque el camino esté expedito, no debemos desanimarnos si el viaje parece bastante estéril al principio, mejor dicho, ni siquiera si las cosas parecen empeorar por un tiempo, pues es bastante natural que el mismo mal que ha incitado al comienzo de la reforma se acreciente, mientras por un lado la vida y la sabiduría forjan lo nuevo y por otro la locura y la inanición se aferran a lo viejo.

En esta, como en todas las demás cuestiones, hará falta un margen de tiempo antes de que las cosas parezca que se enderezan, coraje, la paciencia que no desprecia las cosas pequeñas que están pendientes de hacer, atención y celo para que no empecemos a construir la casa antes de poner los cimientos y siempre, en todo momento, mucha humildad que no se desaliente fácilmente ante el fracaso, que ansíe aprender y esté dispuesta a ello.

Ustedes han de tener como profesores a la naturaleza y la historia. De la primera, que hay que aprender resulta tan obvio que no necesito pormenorizarlo ahora; más adelante, cuando entre en detalles, puede que tenga que hablar de cómo pueden ustedes aprender de la naturaleza. Respecto a la segunda, creo que nadie podría hacer nada hoy día sin estudiar a fondo el arte antiguo, a no ser que se tratara de un genio e incluso él se vería muy limitado si careciera de dicho conocimiento. Si ustedes creen que esto contradice lo que he dicho sobre la muerte del arte antiguo y la necesidad que insinué de un arte que sea característico del presente, sólo puedo decirles que –en esta época de conocimientos abundantes y rendimientos exiguos– si no estudiamos el arte antiguo directamente y aprendemos a comprenderlo, veremos cómo nos influyen las débiles obras que nos rodean y copiaremos las mejores obras por medio de copistas sin comprenderlas, lo que de ninguna manera devendrá en un arte inteligente. Por consiguiente estudiémoslo con sapiencia, aprendamos de él y dejemos que nos domine al tiempo que decidimos no imitarlo o repetirlo, tener un arte que hayamos hecho nuestro o no tener arte alguno.

Aun así, casi me asalta la parálisis al pedirles que estudien la naturaleza y la historia del arte recordando que esto es Londres y el aspecto que tiene: ¿cómo puedo pedirles a trabajadores que día tras día deambulan por estas horrendas calles que se preocupen por la belleza? Nos preocuparíamos mucho si se tratase de política, si fuera ciencia ustedes sin duda podrían enfrascarse en estudiar hechos sin preocuparse demasiado por lo que ocurre a su alrededor, ¡mas la belleza! ¿Acaso no ven ustedes qué terribles dificultades hostigan al arte debido a su prolongado abandono y también al abandono de la razón en este asunto? Resulta tan duro preguntar con cuánto esfuerzo o con qué mortífero impulso es posible deshacerse de esta dificultad que, por fuerza, debo dejarla a un lado ahora y debo al menos esperar que el estudio de la historia y de sus monumentos les sirva a ustedes de alguna ayuda. Si fueran realmente capaces de llenar su mente de recuerdos de grandes obras de arte y grandes épocas de arte en gran medida podrían, creo, ver más allá del feo entorno antes mencionado y llegarían a sentirse insatisfechos con lo que ahora es brutal y descuidado y además tan insatisfechos, espero, con lo que es malo que decidirían no soportar más esta miseria brutal, miope y insensata que tanto deshonra a nuestra compleja civilización.

Bien, al menos Londres es bueno en algo: en que está bien surtido de museos a los que de todo corazón deseo que se pudiera acceder siete días a la semana en vez de seis o, por lo menos, el único día en que un hombre comúnmente ocupado –uno de los contribuyentes que los mantiene– puede por lo general verlos con tranquilidad. Ciertamente, a todos los que poseemos un instinto natural para el arte el frecuentarlos nos sería de más ayuda de lo que pueda pensarse. Es cierto, no obstante, que la gente necesita alguna formación preliminar antes de que pueda asimilar todo el bien que puede obtenerse de los prodigiosos tesoros artísticos que el país posee en esta guisa. Además, allí uno ve las cosas de forma poco sistemática y tampoco puedo negar que un museo resulta algo melancólico, tal es la historia de violencia, destrucción y despreocupación que nos cuentan las piezas allí atesoradas.

Mas a veces se tiene además la oportunidad de estudiar arte antiguo de una forma más íntima y minuciosa, más amable: los monumentos de nuestra propia tierra. Sólo a veces, pues vivimos sumidos en un mundo de ladrillo y argamasa y poco más nos queda salvo el fantasma de la gran iglesia de Westminster, con su exterior destrozado por la estupidez del arquitecto restaurador y con su glorioso interior insultado por pomposas mentiras funerarias, por la vanagloria e ignorancia de los dos últimos siglos y medio –poco queda aparte de esto y del inigualable *Hall* cercano; pero cuando podemos alejarnos de este mundo de humo allí, en medio del campo, quizás todavía podamos ver las obras de nuestros padres aún vivas entre la naturaleza para la que fueron creadas y de la que tan completamente forman parte pues, allí más que en ninguna otra parte, en la campiña inglesa, en la época en que la gente se preocupaba por tales cosas, existió una conexión perfecta entre las obras del hombre y la tierra para la que fueron creadas. La tierra es una tierra pequeña, demasiado limitada por unos mares estrechos, parece, como para disponer de mucho espacio y aumentar una enormidad, no hay grandes espacios libres que resulten abrumadoramente deprimentes, no hay grandes bosques solitarios, no hay terribles cordilleras inexploradas: todo está medido, mezclado, variado, una cosa deriva en otra con facilidad suma: ríos diminutos y llanuras diminutas, tierras altas que crecen y cambian con rapidez, todo rodeado de árboles ordenados; colinas diminutas y montañas diminutas protegidas por senderos de ovejas: todo es diminuto, mas no absurdo o vacuo, sino más bien grave y rebosa sentido para quien se apreste a buscarlo –no es ni prisión ni palacio, sino un hogar digno.

Todo esto yo ni lo alabo ni lo critico, sino que digo que es así: alguna gente alaba esta hospitalidad en demasía como si esta tierra fuera el eje sobre el que gira el mundo; yo no lo hago, como tampoco nadie que no se deje cegar por el orgullo de sí mismo y de todo lo que le pertenece. Otros hay que la desprecian, en especial su mansedumbre; tampoco lo hago yo, aunque en verdad sería duro que no hubiera en el mundo nada más: ni maravillas, ni horrores, ni bellezas inefables. Mas si nos paramos a pensar en qué diminuta parte de la historia del mundo –pasada, presente y venidera– es esta tierra en la que vivimos y más diminuta aún de la historia de las artes y en que, a pesar de ello, nuestros antepasados se aferraron a ella y la adornaron con primor y sufrimiento, a esta tierra de Inglaterra nada romántica y de apariencia queda, seguramente también esto avive nuestros corazones y estimule nuestra esperanza.

Pues como era la tierra, así era su arte cuando la gente apenas se preocupaba de esas cosas; se esforzaba poco por impresionar a la gente con su pompa o su ingenio: no caía muy a menudo en lo banal, raramente alcanzaba la majestuosidad. Mas nunca oprimía, nunca fue ni pesadilla de esclavo ni fanfarronada insolente y –en sus mejores momentos– hacía gala de una inventiva, de una individualidad que estilos más grandiosos nunca han superado; lo mejor de sí –lo que constituía su esencia misma– era apreciable de igual forma en la casa del campesino y en la modesta iglesia del pueblo, así como en el palacio del señor y en la imponente catedral: nunca tosco, aunque a menudo bastante rudo, dulce, natural y sin afectación, un arte de campesinos más que de príncipes comerciantes o cortesanos. Ha de tenerse un corazón duro, creo, para no amarlo. Un arte de campesinos, mantengo, que se aferró con ahínco a la vida del pueblo y aún persistía entre los aldeanos y los vasallos de muchas partes del país cuando se estaban construyendo los caserones «finos y franceses»; también persistía aún en no pocos diseños pintorescos de telares, imprentas y bordadores, mientras en el extranjero la pompa estúpida había puesto fin a todo lo libre y natural y el arte se había convertido, especialmente en Francia, en la mera expresión de esos granujas triunfadores y exultantes que no mucho después dieron con sus huesos en el infierno para siempre.

Tal era el arte inglés, cuya historia en cierto sentido tienen ustedes a su alcance, verdaderamente escaso y que escasea más año tras año, no sólo debido a la destrucción rapaz (ciertamente menor de lo que solía ser), sino también a los ataques de otro enemigo al que hoy día denominamos «restauración».

No debo extenderme mucho en esto, mas tampoco debo pasarlo por alto, ya que les he instado a ustedes al estudio de estos monumentos antiguos. Así está la cuestión: estas viejas construcciones han sido arregladas o ampliadas un siglo tras otro, a menudo de forma hermosa, siempre de forma histórica; su propio valor –gran parte de él– residía en eso, casi siempre también han sufrido abandono, a menudo violencia (es esta una parte de la historia que a menudo no carece de interés), mas el más vulgar y corriente de los arreglos habría bastado para mantenerlas en buen estado, fragmentos de la naturaleza y de la historia.

Pero en los últimos años una gran corriente de fervor eclesiástico –que coincide con un aumento notable del estudio y, por consiguiente, del conocimiento de la arquitectura medieval– ha hecho que la gente se gaste el dinero en estas construcciones no sólo con el propósito de arreglarlas, de conservarlas limpias, seguras y resistentes al viento y al agua, sino también de «restaurarlas» a un supuesto estado ideal de perfección, eliminando si es posible todo indicio de lo que les ha acontecido desde al menos la época de la Reforma y, a menudo, desde incluso antes. Esto se ha llevado a cabo a veces con gran desprecio por el arte y con total fervor eclesiástico, pero más frecuentemente se ha hecho con buenas intenciones artísticas; sin embargo, no habrán estado ustedes escuchando lo que les he dicho esta noche si no perciben que desde mi punto de vista esta restauración resulta imposible de llevar a cabo, pues al intentarlo se dañan las construcciones. Prefiero no pensar cuántas de ellas han perdido casi toda su utilidad para los estudiantes de arte y de historia. A menos que ustedes sepan mucho de arquitectura, les costará hacerse una idea del tremendo daño que se ha causado por culpa de ese peligroso «pequeño conocimiento» en todo este asunto, mas al menos resulta fácil comprender que el ocuparse de forma temeraria de monumentos valiosos (y nacionales) que, una vez desaparecidos, nunca podrá reemplazar ningún esplendor del arte moderno, es hacer un flaco servicio al Estado.

Por todo lo que he dicho en este estudio sobre arte antiguo, verán ustedes que lo que aquí entiendo por educación es mucho más que la enseñanza de un arte concreto en escuelas de diseño y que debe ser algo que debemos hacer más o menos por nuestra cuenta. Me refiero a una concentración sistemática de nuestros pensamientos en el asunto, a estudiarlo de todas las formas posibles, a practicarlo de forma cuidadosa y laboriosa y a tomar la determinación de no hacer más que lo que se sabe posee una buena factura y diseño.

Desde luego, no obstante, como instrumento tanto de ese estudio al que nos hemos referido como de la práctica de las artes, a todos los artesanos se les debería enseñar a dibujar con esmero, como en verdad se le debería enseñar a dibujar a todo el mundo que no esté físicamente incapacitado para ello, mas el arte de dibujar que se enseñe no sería el arte del diseño, sino sólo un medio para este fin: *la capacidad general de ocuparse de las artes.*

Pues deseo hacerles hincapié especialmente en esto: que de ninguna de las maneras se puede enseñar a *diseñar* en las escuelas; la práctica continuada y la atención constante a la naturaleza y al arte ayudarán al hombre que sea diseñador por naturaleza. Sin duda, aún son numerosos quienes tienen alguna facilidad para el diseño y de la escuela quieren algunas enseñanzas técnicas igual que quieren herramientas; también en estos días, cuando la mejor escuela –la escuela de practicar con éxito que nos rodea– está tan alicaída, indudablemente quieren formación en la historia de las artes. Estas dos cosas las pueden proporcionar las escuelas de diseño, pero el camino petulante de una serie de reglas inferidas de una falsa ciencia del diseño (que no es una ciencia en sí, sino otra serie de reglas) no nos lleva a ningún lado o, mejor podríamos decir, nos lleva a comenzar de nuevo.

En cuanto al tipo de dibujo que se debería enseñar a los hombres que se dedican al trabajo ornamental, sólo hay *una* forma *óptima* de enseñar a dibujar y es enseñar al alumno a dibujar la figura humana, tanto porque el contorno del cuerpo humano es mucho más delicado que cualquier otro, como porque resulta más fácil descubrir un error y corregirlo. Creo que una enseñanza como esta, si se proporcionara a todo el que le interese, contribuiría mucho al renacer de las artes: el hábito de distinguir entre lo correcto y lo incorrecto, el sentir placer al dibujar un buen trazo serían –creo yo– educar en el sentido adecuado de la palabra a toda la gente que lleve el germen de la invención en su interior. Mas como antes indiqué, en esta época del mundo sería mera afectación el aparentar cerrar los ojos al arte de épocas pretéritas, que también hemos de estudiar. Si otras circunstancias –sociales o económicas– no se interponen en nuestro camino, es decir, si el mundo no está demasiado ocupado como para permitirnos llegar a disponer de artes decorativas, dos son los medios *directos* merced a los cuales las conseguiremos, esto es, el cultivo general de los poderes de la mente y el cultivo general de los poderes del ojo y de la mano.

Quizás a ustedes les parezca que este es un consejo muy común y un camino muy tortuoso; no obstante, es un camino seguro si ustedes desean llegar al nuevo arte, que es mi tema esta noche. Si no lo desean y si ese germen de la invención –que, como acabo de decir, sin duda aún resulta bastante común entre los hombres– queda en el olvido y sin desarrollar, las leyes de la naturaleza se impondrán en esta como en otras cuestiones y la facultad misma del diseño desaparecerá gradualmente de la raza humana. ¿Señores, acaso vamos a acercarnos a la perfección deshaciéndonos de una parte tan grande de esa inteligencia que nos hace hombres?

Y ahora, antes de concluir, quiero llamar su atención sobre ciertas cosas que, debido a nuestro abandono de las artes por otros asuntos, nos obstaculizan ese buen camino y suponen un impedimento tal que, hasta que no nos ocupemos de ellas, resulta difícil incluso ponerle principio a nuestro empeño. Y si parece que mi charla se vuelve demasiado seria para nuestro tema, como efectivamente creo que no ha de volverse, les ruego recuerden lo que dije antes sobre cómo todas las artes están unidas. Pues hay un arte en el que pensaba el viejo arquitecto de la época de Eduardo III[2] –me refiero al que puso los cimientos de New College en Oxford– cuando hizo suyo el lema «los modales hacen al hombre»; por modales se refería al arte de la moral, al arte de vivir dignamente y como un hombre. Por fuerza he de reivindicar que este arte también está relacionado con mi tema.

Hay gran cantidad de trabajo falso en el mundo que hiere a quien lo compra, que hiere más a quien lo vende (si fuera consciente de ello) y que hiere aún más a quien lo crea ¡qué buen cimiento para lograr las «artes decorativas» (esto es, trabajo ornamental) sería el que los artesanos tomásemos la determinación de no crear nada que no tuviera una factura excelente en vez de tener (como ahora tenemos muy a menudo) un nivel muy bajo de trabajo, por debajo del cual caemos a menudo!

---

2. Eduardo III, rey de Inglaterra entre 1327 y 1377 (n. del t.).

En este asunto no le echo la culpa ni a una clase ni a otra, se la echo a todas. Dejando a un lado a nuestra propia clase de artesanos, de cuyos defectos ustedes y yo sabemos tanto que no necesitamos hablar más de ello, sé que al público en general se le incita a obtener cosas baratas; su ignorancia es tal que no sabe que además son repugnantes, su ignorancia es tal que no le preocupa lo más mínimo que un hombre reciba lo que merece. Sé que a los denominados fabricantes se les incita a llevar la competición hasta el límite –competición de ordinariez, que no de excelencia–, que llegan a un acuerdo con los buscadores de gangas y jovialmente les proporcionan mercancías repugnantes al precio barato que les piden de un modo que no puede recibir más calificativo que el de fraude. Últimamente, Inglaterra se ha preocupado demasiado de la contaduría y no lo suficiente del taller y el resultado es que en la actualidad la contaduría está más bien falta de pedidos.

Afirmo que hay que echarle la culpa a todas las clases en este asunto, mas también digo que el remedio está en poder de los artesanos, que no ignoran estas cosas como el público y que no tienen obligación de ser codiciosos y solitarios como los fabricantes o los intermediarios. El deber y el honor de educar al público radica en ellos y ellos poseen las semillas del orden y la organización que hacen más fácil ese deber.

¿Cuándo se encargarán de esto y contribuirán a hacer hombres de todos nosotros insistiendo en una cuestión tan de peso como la de los modales, de forma que podamos adornar la vida con el placer de *comprar* productos gozosamente a su debido precio, con el placer de *vender* productos de los que podamos sentirnos orgullosos tanto de su precio como de su factura, con el placer de trabajar a fondo y sin prisa haciendo productos de los que podamos sentirnos orgullosos? Con mucho el mayor de los tres placeres es este último, un placer tal que –creo– no hay en el mundo otro equiparable.

No deben ustedes decir que esta cuestión de los modales resulta ajena a mi tema, es parte esencial de él y de la mayor importancia, pues les estoy instando a que aprendan a ser artistas, de modo que el arte no se nos acabe; y ¿qué es un artista sino un trabajador que está decidido a que –pase lo que pase– su trabajo sea excelente? O, por ponerlo de otra forma, ¿la decoración del trabajo qué es sino la expresión del placer del hombre por el trabajo bien hecho? ¿Mas qué placer puede haber en un trabajo *malo*, en una labor mal realizada? ¿Por qué debemos decorar *eso* y cómo podemos soportar hacer siempre mal nuestra labor?

Igual que la codicia de la ganancia injusta (querer que se nos pague por lo que no nos hemos ganado) obstaculiza nuestro sendero con esta maraña del trabajo malo, del trabajo falso, así los montones de dinero que esta codicia nos ha proporcionado (pues la codicia se hará un hueco igual que todas las demás pasiones intensas), este dinero, afirmo, apilado en montones grandes y pequeños con toda la falsa distinción que por desgracia aún impone entre nosotros, ha erigido frente a las artes el muro del amor al lujo y al espectáculo que es, de todos los obstáculos evidentes, el más difícil de sortear; la clase más culta y elevada no se libra de su vulgaridad, la baja no se libra de sus aspiraciones. Les ruego recuerden, tanto para remediar esto como para explicar exactamente lo que quiero decir, que no puede ser una obra de arte algo que no sea útil, es decir, que no cuide bien del cuerpo cuando está bajo el control de la mente o que no entretenga, alivie o eleve la mente a un estado saludable. ¡Cuántas toneladas y toneladas de basura indescriptible que pasa por arte eliminaría de nuestras casas de Londres esta máxima si se entendiera y se obrara en consecuencia! A mi entender, sólo en pocos sitios (a parte de en la cocina) se encuentran en una casa adinerada cosas que tengan uso alguno; por lo general la supuesta decoración que allí hay sólo está por puro lucimiento, no porque le guste a nadie. Repito, esta estupidez afecta a todas las clases de la sociedad: el arte de las cortinas de seda del salón le importa igual de poco a mi señor que el polvo en el pelo de su lacayo; la cocina de una casa de campo es por lo general un lugar agradable y hogareño, el salón uno lóbrego e inútil.

La sencillez de la vida, el engendrar la sencillez del gusto, es decir, del amor a las cosas dulces y elevadas, es de todas las cosas la más necesaria para el nacimiento del arte nuevo y mejor que nosotros ansiamos; sencillez en todas partes, tanto en el palacio como en la casa de campo.

Aún más necesarias resultan la limpieza y la decencia en todas partes, tanto en la casita rural como en el palacio; su carencia es una grave cuestión de *modales* que hemos de corregir: esa carencia y todas las desigualdades de la vida y la falta de consideración y orden amontonadas durante tantos siglos que la causan. Y pocos son hasta la fecha los hombres que han empezado a buscarle un remedio en su más amplia extensión; incluso en su expresión más limitada, ese afeamiento de nuestras grandes ciudades por culpa de todo lo que el comercio acarrea, ¿a quién le importa? ¿Quién intenta controlar su aspecto miserable y espantoso? No hay más que falta de consideración y temeridad en este tema; la indefensión de la gente que no vive lo suficiente para poder hacer algo y que no posee la suficiente hombría y previsión para empezar el trabajo y legárselo a quienes vengan detrás suya.

¿Que hay que reunir dinero? Se talan los árboles agradables que rodean las casas, se derriban construcciones antiguas y venerables a cambio del dinero que se obtendrá con unas cuantas yardas de mugre en Londres, se ennegrecen ríos, se oculta el sol y se envenena el aire con humo y con cosas peores y nadie se ocupa de controlarlo o de arreglarlo: eso es todo lo que el comercio moderno –la contaduría que se olvida del taller– va a traernos.

¿Y la ciencia (a la que hemos amado bien y seguido con diligencia), qué es lo que hará? Me temo que está tan al servicio de la contaduría, de la contaduría y del oficial barrenero, que está demasiado ocupada y no hará nada por ahora. Con todo, hay cuestiones que pienso le habrían resultado muy fáciles como, por ejemplo, enseñarle a Manchester cómo consumir su propio humo o a Leeds cómo deshacerse de sus sobras de tinte negro sin tirarlas al río, algo que debería incumbirle tanto como la producción de la más gruesa de las sedas o del mayor de los cañones de utilidad nula. De todas maneras, se haga lo que se haga, a menos que la gente se preocupe de encargarse de sus asuntos sin hacer del mundo un lugar espantoso, ¿cómo puede preocuparse del arte? Sé que costará mucho tiempo y dinero mejorar todas esas cosas siquiera un poco, mas no veo cómo ambos pueden emplearse mejor que haciendo que la vida resulte más alegre y honrosa a los demás y a nosotros mismos; sería inestimable conseguir una buena vida para el país en general, que resultaría de que los hombres se dedicaran en serio a mejorar el decoro de nuestras grandes ciudades, incluso si como resultado a las artes no les ocurre nada especialmente bueno. No sé yo si llegará a ocurrir, mas empezaría a ver el asunto con mayor esperanza si los hombres prestaran atención a tales cosas y repito que, a menos que lo hagan, ni siquiera podemos acometer nuestra empresa de mejorar las artes con esperanza alguna.

A menos que se haga algo para proporcionarle a todos los hombres algún placer visual y descanso mental con la apariencia de sus casas y las de sus vecinos, hasta que resulte menos vergonzoso el contraste entre los campos donde viven las bestias y las calles donde viven los hombres, supongo que el ejercicio de las artes ha de mantenerse principalmente en manos de unos cuantos hombres muy cultos que puedan ir a menudo a lugares hermosos y cuya educación les permita –al contemplar las glorias pasadas del mundo– eliminar de su vista la miseria en la que se mueve la mayoría de los hombres. Pero señores: creo que el arte posee tal afinidad con la libertad jovial, la calidez y la realidad y enferma tanto ante el egoísmo y el lujo que por ello no puede vivir aislado y recluido. Iré aún más lejos y afirmo que, en tales circunstancias, prefiero que no viva. Denuncio que sería una vergüenza que un artista honesto disfrute a solas el arte que haya logrado acumular como lo sería el que un hombre rico se sentara a comer productos exquisitos delante de soldados hambrientos en un fuerte sitiado.

No quiero arte para unos pocos, igual que no quiero educación para unos pocos ni libertad para unos pocos.

No, antes de que el arte viva esta vida exigua entre unos pocos hombres excepcionales, que desprecian a quienes están debajo suya por culpa de una ignorancia de la que estos no son responsables, de una brutalidad a la que no se oponen, antes de esto preferiría que el mundo eliminara todo arte durante un tiempo (como antes dije que podría hacerse); antes de que el trigo se pudra en el granero del avaro, prefiero que lo tenga la tierra para que aún tenga una oportunidad de germinar en la oscuridad.

Tengo una especie de confianza, empero, en que esta supresión de todo arte no acontecerá, en que los hombres se volverán más sabios así como más doctos, en que muchas de las complejidades de la vida de las que ahora tantísimo nos enorgullecemos (en parte porque son nuevas, en parte porque son fruto de mejoras) serán desechadas al haber desempeñado ya su papel y carecer de toda utilidad. Espero que nos libremos de la guerra –de la guerra comercial tanto como de la guerra de la bala y la bayoneta–, que nos libremos del conocimiento que oscurece el consejo, que nos libremos sobre todo de la codicia del dinero y del ansia de esa diferencia abrumadora que el dinero acarrea hoy. Creo que del mismo modo que incluso ahora hemos alcanzado en parte la *libertad*, un día alcanzaremos la *igualdad* que no significa otra cosa que la *fraternidad*, y así nos libraremos de la pobreza y de toda su mezquindad y sordidez.

Entonces, cuando nos hayamos librado de todas estas cosas, en una renovada sencillez de la vida tendremos tiempo libre para pensar en nuestro trabajo, ese fiel compañero diario al que ningún hombre se atreverá ya a denominar «la maldición del trabajo», pues seguramente entonces nos hará felices, cada uno en su sitio sin que ningún hombre se enfrente a otro, sin que a nadie se le exija ser *siervo* de otro hombre y todo el mundo desprecie ser *amo* de otros hombres. Seguramente entonces los hombres serán felices en su trabajo y dicha felicidad seguramente generará un arte decorativo, noble y *popular*.

Este arte hará que nuestras calles sean tan hermosas como los bosques, tan elevadas como las laderas de la montaña; será un placer y un descanso y no una carga para el espíritu venir del campo abierto a la ciudad; las casas de todos los hombres serán hermosas y decentes, relajantes para la mente y útiles para el trabajo; todos los trabajos del hombre (que nos rodean y llevamos a cabo) estarán en armonía con la naturaleza, serán razonables y hermosos; todo será sencillo e inspirador, no infantil o debilitante pues, del mismo modo que nuestras construcciones públicas no carecerán de todo lo bello y esplendoroso que la mente y la mano del hombre pueden crear, en ninguna vivienda privada habrá signos de despilfarro, pompa o insolencia y todos los hombres podrán compartir lo mejor.

Quizás ustedes digan que esto no es más que soñar con lo que nunca ha sido y nunca será; cierto, nunca ha sido y, por consiguiente, dado que el mundo sigue vivo y en movimiento, mi esperanza de que un día llegue a hacerse realidad es aún mayor. Cierto, es un sueño, mas hasta ahora se ha soñado con cosas tan buenas y necesarias que apenas pensamos en ellas más que en la luz del día, pese a que una vez la gente tuvo que vivir sin ellas, sin la esperanza de ellas siquiera.

De cualquier manera, aunque sea un sueño, les ruego me perdonen que lo formule ante ustedes, puesto que yace en el trasfondo de todo mi trabajo en las artes decorativas y nunca será ajeno a mis pensamientos. Estoy aquí esta noche con ustedes para pedirles que me ayuden a hacer realidad este sueño, esta *esperanza*.

EL PORVENIR DE LA ARQUITECTURA EN LA CIVILIZACIÓN (1880)*

«la doctrina horrible de que este universo es una pesadilla cockney que ninguna criatura debería creer o escuchar ni un instante.»
Thomas Carlyle

Para la mayoría de ustedes, supongo, el significado de la palabra arquitectura alude al arte de construir de una manera noble y bella.

---

* Esta conferencia ante la London Institution es considerada por muchos como el texto más influyente en la formación del movimiento moderno en arquitectura y diseño, puesto que apunta a la idea de la unidad de las artes, Bellas y aplicadas, en torno a la arquitectura, que posteriormente inspiró a la Bauhaus y también al organicismo de Wright. También en este escrito el centro de interés de Morris son las artes aplicadas en general, a las cuales considera como un indicio del desarrollo estético y cultural de las sociedades. En este contexto planteó la pregunta clave sobre la época –la cual, por otra parte, no ha hecho más que repetirse en los cien años que nos separan de él– a saber: ¿cómo es que la arquitectura y en general todo lo que los hombres hacían en el pasado se integraba perfectamente en el paisaje mejorándolo, mientras que todo lo que el hombre ha hecho en la era contemporánea lo estropea y el resultado siempre es más feo? La reflexión prosigue considerando el nivel cultural alcanzado por las clases dirigentes de su época e intentando comprender porqué esas clases dirigentes, aunque ricas y cultivadas, eran tan incompetentes en cuestiones estéticas. Morris propuso para semejante disfunción una solución muy ruskiniana que aun pensaba posible: recuperar formas de vivir más simples. La segunda parte de la conferencia está dedicada al trabajo en el sistema industrial, uno de los temas que más tratará en este y en siguientes textos, puesto que la reflexión sobre las fuentes de la alienación en el trabajo constituyen uno de los núcleos de su pensamiento, aunque aquí aún es una investigación sobre las condiciones para la creación. Vale también la pena prestar atención a su reflexión sobre el papel del ocio en la dinámica social y lo que eso significa en el desarrollo humano de las personas. Finalmente, desde la perspectiva política, también en este texto, la solución para el futuro pasa por seguir progresando, por completar el proceso de la civilización como regeneración humana (n. de la intr.).

Pues yo creo que una de las cosas más importantes a las que se puede dedicar un hombre es a practicar este arte y a considerar que merece la atención de la gente seria, no sólo una hora, sino una buena parte de su vida, aunque no tenga una relación profesional con ella.

Mas, noble como ese arte es en sí mismo y aunque ante todo sea el arte de la civilización, ni ha existido siempre ni puede existir a solas de forma vital y dinámica, sino que debe apreciar todos los oficios artesanos y ser apreciado por ellos, mediante los cuales los hombres hacen lo que desean que sea bello y de alguna manera perdure el día de mañana.

A dicha unión de las artes que se ayudan mutuamente y se subordinan armoniosamente unas a otras es a lo que yo he aprendido a considerar arquitectura y, cuando esta noche use la palabra, a eso es a lo que me referiré y no a nada más limitado.

Un tema verdaderamente amplio, ya que abarca el estudio de todo el entorno externo de la vida humana y no podemos huir de él aunque queramos mientras seamos parte de la civilización, pues implica moldear y alterar las necesidades humanas y la faz misma de la tierra, salvo en los desiertos más recónditos.

Tampoco podemos ceder nuestro interés por ella a un grupo reducido de eruditos y pedirles que busquen, descubran y creen mientras nosotros nos limitamos a mirar, maravillarnos de su trabajo y aprender algo de cómo se hace: somos nosotros –cada uno de nosotros– los que debemos estar alerta y vigilar la hermosura de la tierra, y cada uno ha de entregarse a ello en cuerpo y alma para que no leguemos a nuestros hijos un tesoro menor del que nuestros padres nos legaron a nosotros. Tampoco podemos perder más tiempo postergando esta cuestión a nuestros días postreros o dejando que se hagan cargo de ella nuestros hijos, pues la humanidad está tan ansiosa y ocupada que el deseo de hoy nos hace olvidar por completo el deseo de ayer y sus beneficios. Cuando al ansiar algo cejamos en la perfección, de forma segura e inmediata la corrupción nos lleva de la vida a la muerte y enseguida todo termina y se olvida. Puede que sobre tiempo para hacer muchas cosas: para poblar los desiertos, para romper los muros entre las naciones, para aprender los secretos más íntimos de la esencia del cuerpo y el alma, del aire que respiramos y la tierra que pisamos; que sobre tiempo para someter todas las fuerzas de la

El porvenir de la arquitectura en la civilización

naturaleza a nuestras necesidades materiales, mas no hay tiempo que perder para apreciar y añorar la hermosura de la tierra, no sea que la ola del deseo humano la arrastre y la convierta, no en un desierto con esperanza como ya fue una vez, sino en una prisión sin esperanza alguna, no sea que al final el hombre descubra que ha trabajado, luchado, conquistado y puesto todas las cosas de la tierra a sus pies para vivir sin felicidad.

Muy cierto es que cuando la prisa o el descuido estropean un punto cualquiera de la superficie terrestre resulta difícil encontrar un remedio; más aún, resulta casi inconcebible, pues el deseo de vivir de a toda costa que nos ha inculcado la naturaleza y la tremenda y rápida multiplicación de la raza que se deriva de ello borra de la mente humana todas las demás esperanzas y bloquea como con un muro de hierro el camino que se extiende ante nosotros; no hay fuerza alguna –salvo una igual a la que los estropeó– que pueda arreglar aquellos lugares destruidos o devolverlos a la esperanza y la civilización.

Por consiguiente, les suplico que se pongan a pensar en el devenir de la arquitectura, es decir, en la hermosura de la tierra que circunda las viviendas de los humanos, pues el esperarlo y el temerlo nos seguirán aunque intentemos evitarlo. A todos nos concierne y de todos requiere la ayuda; lo que hagamos al respecto hay que hacerlo enseguida, ya que cada día de negligencia acrecienta todos los problemas que nos está creando una fuerza ciega hasta que lleguemos al punto (si no hacemos nada) en que un día tengamos que apelar, no a la paz y la prosperidad, sino a la violencia y la perdición para que nos libren de ellos.

Al hacerles este llamamiento no doy por sentado que me dirijo a los que se niegan a reconocer que quienes formamos parte de la civilización somos responsables ante la posteridad de lo que le ocurra a la hermosura de la tierra en nuestra propia época, en otras palabras, de lo que hemos hecho por el progreso de la arquitectura; si entre la gente culta existe alguien así, no necesito preocuparme de él, ya que ni él me escucharía a mí ni yo sabría qué decirle.

Por otra parte, puede que hoy haya gente aquí que sea consciente de su responsabilidad en esta cuestión, pero a la que la obligación que ello conlleva le parezca fácil, dado que el estado de la arquitectura en la actualidad le parece bastante satisfactorio. Supongo que no llega a apreciar el extraño contraste que existe entre la belleza que aún impregna algunas moradas humanas y la fealdad que rige en otras, sino que le parece natural e inevitable y por ello no les preocupa; cumple sus obligaciones para con la civilización y las artes yendo a veces a ver lugares hermosos y recopilando varios enseres que le ayude a recordarlos y a adornar las feas viviendas en las que tiene su hogar. En cuanto a los demás, no dudan de que resulta natural y no erróneo que, mientras que todas las ciudades antiguas (me refiero a ciudades cuyas casas sean antiguas en su mayoría) deben ser hermosas y románticas, todas las modernas deben ser feas y corrientes; no les parece que este contraste tenga trascendencia alguna para la civilización o que no signifique sino que una ciudad es antigua por sus edificaciones y la otra moderna. Si su pensamiento les lleva a ahondar algo más en los contrastes entre el arte antiguo y el moderno, el resultado no les deja insatisfechos. Puede que vean cosas que reformar acá o allá, pero suponen (o más bien, dan por sentado) que el arte está vivo y sano, en la senda adecuada y que, de seguir dicha senda, vivirá para siempre, tal y como hace ahora.

No resulta injusto afirmar que esta complacencia lánguida es la actitud generalizada de la gente culta ante las artes. Por supuesto, si alguna vez pensaran en ellas, el considerar que la civilización de hoy día genera una fealdad inevitable les causaría un gran disgusto; seguramente si pensaran esto, empezarían a pensar que no es algo ni natural ni correcto, verían que no es esto a lo que la civilización aspiraba en su época de lucha; pero no piensan en las artes de forma seria porque estas han sido defendidas hasta ahora por una ley de la naturaleza que impide a los hombres ver los males que no están dispuestos a corregir.

Hasta ahora, mas no faltan indicios de que dicha defensa pueda fallar un día y se ha convertido en tarea de todos los verdaderos artistas y de todos los hombres que aman la vida (aunque sea conflictiva, más que la muerte, aunque sea tranquila) luchar por atravesar dicha defensa e incitar al mundo –al culto y al inculto– al descontento y la lucha.

Por tanto, afirmo que el contraste entre el arte pasado y el presente, la belleza universal de la morada de los hombres como se creaba *antes* y su fealdad universal como se crea *ahora*, resulta de importancia capital para la civilización y como tal se manifiesta. No muestra sino una brutalidad ciega que a la postre destruirá el arte, aunque otras cosas queden con vida: el arte no goza de buena salud y sobrevive a duras penas; está en un camino equivocado y, de seguir en dicha dirección, no tardará mucho en encontrar la muerte.

Puede que ustedes digan que, al afirmar que la actitud generalizada de la gente culta ante las artes es de una lánguida complacencia con ese estado de cosas enfermizo, estoy admitiendo que por lo general a la gente culta *no* le importan las artes y que, por consiguiente, la amenaza de que mueran no le asusta demasiado aunque se trate de una amenaza fundada, por lo que quienes se esfuerzan por incitar a la gente al descontento y la lucha no hacen más que dar palos de ciego.

Bien, correré el riesgo de ofenderles a ustedes hablando con claridad y de afirmar que me parece más que cierto que, por lo general, a la gente culta no le importa las artes; no obstante, responderé a cualquier posible objeción sobre la utilidad de intentar incitarles a que reflexionen sobre la cuestión afirmando que a ustedes no les importan las artes porque no saben lo que significan o lo que se pierden al carecer de ellas. Cultos, es decir ricos, como son, también ustedes se hallan bajo la rastra de la fuerte necesidad de la que de manera implacable tira el comercio competitivo de los últimos tiempos, un sistema que espero esté a punto de alcanzar la perfección y, por tanto, la muerte y el cambio. Muchos millones de seres civilizados (tal como la mano de obra está ahora organizada) apenas pueden pensar en nada que no sea el medio de conseguir pan a diario; no conocen el arte y este no afecta a sus vidas en absoluto. No obstante, los pocos miles de personas cultas a las que el destino –que no siempre les es tan propicio como parece– ha colocado por encima de esta necesidad material de luchar duramente sí que están ligados al arte en espíritu: la presencia del esfuerzo denodado de quienes trabajan para vivir de modo que puedan vivir para trabajar también les acucia y les impide considerar el arte un asunto de importancia; conciben el arte como un juguete, no como algo real que les ayude a vivir. Tal como ellos lo conciben, no puede ni aliviar la conciencia de los ricos ni el hastío de los pobres. No saben qué significa el arte. Como he dicho, creen que como la mano de obra está organizada, el arte puede seguir indefinidamente como ahora está organizado, una práctica de pocos para pocos que aporta algo de interés, algo de refinamiento a las vidas de quienes llegan a considerar derechos de nacimiento el interés intelectual y el refinamiento espiritual.

No, nunca podrá ser así: créanme, si de alguna manera fuese posible que sea una condición perdurable de la humanidad el que haya una clase completamente refinada y otra completamente basta, el arte bloquearía el camino e impediría que se diera tal monstruosidad. Un refinamiento tal tendría que apañárselas como pudiese sin la ayuda del arte: podría ser que este último muriera, mas no que se convirtiera en esclavo de los ricos y en indicio de la esclavitud duradera de los pobres. Si su muerte hace que la vida del mundo se embrutezca, los ricos deben compartir ese embrutecimiento con los pobres.

Sé que ahora hay gente de buena voluntad (como en todas las épocas la ha habido) que cree que el arte y el lujo van de la mano, mejor dicho, que son la misma cosa, mas es una idea falsa de raíz y harto dañina para el arte, como podría demostrarles con muchos ejemplos si tuviera tiempo, pero como no es el caso ofreceré sólo uno que espero sea suficiente.

Aquí estamos en la ciudad más rica del país más rico en la época más rica del mundo. No hay lujo del pasado que pueda equipararse a nuestro lujo y, a pesar de todo, si ustedes pudieran lograr que sus ojos se libraran de su habitual ceguera, tendrían que reconocer que no existe crimen contra el arte, fealdad o vulgaridad de la que los tugurios modernos de Bethnal Green y los palacios modernos del West End no participen con total simetría y equidad y después, si ustedes analizan la cuestión de forma seria y concienzuda, no lo lamentarían sino que se alegrarían de ello, pues al pasar delante de algunos ejemplos notables de dichos palacios se mofarían diciendo: «así que este es todo el refinamiento que el lujo y el dinero pueden lograr.»

Por lo demás, si recientemente ha habido alguna mejora en el panorama de las artes, si ha habido una lucha tanto para librarse de las cadenas de una tradición muerta e inane como para entender los pensamientos y aspiraciones de aquellos que alguna vez encontraron dichas tradiciones vivas, fuertes y beneficiosas; si ha habido en el extranjero algún espíritu de resistencia ante la avalancha de fealdad sórdida que la civilización moderna ha creado para que la civilización moderna sea espantosa; en una palabra, si alguno de nosotros ha tenido el coraje de sentirse insatisfecho con la muerte del arte y de esperar su renacimiento, ha sido porque otros se han sentido insatisfechos y esperanzados con otras cuestiones además del arte. Creo con total sinceridad que el progreso constante en su condición material, política y social de aquellos a los que la estupidez del lenguaje me obliga a denominar la clase baja nos ha resultado de gran ayuda en todo lo que hemos sido capaces de hacer o de esperar, aunque ni quienes reciben la ayuda ni quienes la dan hayan sido conscientes de ello.

Es en realidad por esta creencia, la creencia en el progreso beneficioso de la humanidad, por lo que me atrevo a ponerme delante de ustedes y a rogarles que se esfuercen por acceder al verdadero significado de las artes, que sin duda constituyen la expresión de la reverencia por la naturaleza y por la cima de la naturaleza: la vida del hombre en la tierra.

Creo que con esta intención en mente puedo tener la esperanza de incitarlos, no tanto a que coincidan conmigo en todo lo que les pida, aunque sí a que al menos consideren que merece la pena pensar sobre la cuestión y, si ustedes lo hacen, creo que entonces les habré conquistado. Ciertamente, es posible que ustedes estimen menores muchas de las cosas que yo considero hermosas, más aún, que incluso algunas de las cosas que yo considero viles y feas no irriten ni sus ojos ni su mente, pero hay una cosa de la que sé que ni uno solo de ustedes querrá sentirse culpable: la ceguera ante la belleza natural de la tierra y de esa belleza el arte es el único guardián posible.

A ni uno solo de ustedes se le escapa lo que olvidar el arte le ha hecho a este gran tesoro de la humanidad: la tierra, que era hermosa antes de que el hombre la habitara, que durante muchas épocas creció en cantidad y en fuerza, se está volviendo ahora más fea cada día y con mayor rapidez allí donde la civilización es más potente. Esto es totalmente cierto, nadie puede negarlo: ¿están ustedes satisfechos de que sea así?

Seguramente debemos ser pocos los que no hemos sentido en nuestras propias carnes este cambio degradante. Creo que ustedes, la mayoría de ustedes, me entenderá bastante bien si les pido que recuerden la punzada de consternación que sentimos cuando volvemos a visitar algún lugar del campo que nos resultó especialmente grato en el pasado, que nos refrescó después de trabajar duro o nos alivió después de algún problema, mas donde ahora –conforme torcemos la esquina en la carretera o coronamos la cima de la colina– podemos ver primero los inevitables tejados de pizarra azul y, luego, estuco manchado de color fango o la pared mal construida con ladrillos mal hechos de las nuevas edificaciones. Luego, conforme nos acercamos y vemos los jardincitos áridos y pretenciosos, las horrendas rejas de hierro fundido y las míseras y escuálidas edificaciones contiguas que destrozan las dulces praderas y los abundantes setos de nuestra pacífica aldea, ¿no nos descorazonamos y nos domina una perplejidad no del todo egoísta si nos paramos a pensar lo poco que hay que descuidarse para destrozar un mundo de placer y deleite que ahora, pase lo que pase, ya nunca podrá recuperarse?

Bien podremos sentir la perplejidad y el dolor de corazón (que algún día el mundo entero sentirá al ver sus esperanzas defraudadas) si nos ocupamos de ello, ya que esto no es lo que la civilización buscaba: ¿qué daño causa añadir una nueva casa a un poblado antiguo? ¿No debería haberse tratado de un beneficio y no de una pérdida? El que una nueva familia venga con salud y esperanza a compartir los modestos placeres y tareas del lugar que amamos, eso no debiera causarnos pena, sino un placer renovado.

Sí, y ya era hora de que así fuese. En verdad, con la casa nueva se habría eliminado una pequeña parcela del florido césped verde y unas yardas de los abundantes setos, mas un orden nuevo, una belleza nueva habría ocupado el lugar de la antigua: las mismas flores del campo habrían cedido su lugar a flores creadas por la mano y la mente del hombre, el roble del seto habría florecido con una belleza nueva para ser roble de tejado, dintel y jamba y, aunque la casa nueva pareciera joven y esbelta al lado de las casas más viejas y de la iglesia antigua (antigua incluso para aquella época), a pesar de todo poseería algo de historia para los tiempos venideros y sus paredes de un blanco cremoso, delicado y caro constituirían un eslabón genuino entre los incontables eslabones de esa larga cadena, cuyos inicios no conocemos, mas en cuya inmensa longitud el recinto de columnas de Palas y la majestuosa cúpula de la Sabiduría Eterna no son más que meros eslabones, por muy maravillosos y resplandecientes que resulten.

El porvenir de la arquitectura en la civilización

Así digo que puede ser una casa nueva y así ha sido, ya que no es en una casa ideal en lo que estoy pensando, no en una rara maravilla del arte de las que en las mejores épocas y en los mejores países apenas se dan unas cuantas, tampoco en un palacio, ni en una casa solariega, sino en lugar ideal para el pequeño terrateniente e incluso en la casa rural de su pastor. Allí siguen hoy día, aún por docenas, en algunas partes de Inglaterra. Una así, y de las más pequeñas, la tengo ante mis ojos mientras les hablo, junto al camino en una de las laderas occidentales de los Cotswolds;[1] las copas de los grandes árboles cercanos divisan la lejanía de las montañas de la frontera galesa y entre un gran condado de colinas, un bosque ondulante, una pradera y una llanura donde yacen ocultos muchos campos de batalla de nuestros robustos antepasados: el titubeante parche de azul de allí a la derecha es el humo de la ciudad de Worcester, pero el humo de Evesham –aunque cercano– no se ve de lo diminuto que es; después, una franja de bruma apenas visible indica donde el río Avon se encamina hacia el Severn, hasta que la colina Bredon impide su visión y la del humo de Tewkesbury. Justo por debajo, a ambos lados de Broadway, están las casas grises de la calle del pueblo que dan a un preciosa casa del siglo XIV; por arriba, la carretera termina serpenteando en la empinada ladera, cuyo penacho al oeste tiene desplegado ante sí la impresionante panorámica de la que les he hablado, más al este se esfuerza por mirar a Oxfordshire y desde allí todas las aguas van hacia el Támesis. Por todas partes hay laderas resplandecientes de bellos perfiles, floridas y con una hierba dulce, salpicadas con los árboles de mayor crecimiento y gracilidad; es un campo en verdad hermoso, no carente de dignidad ni de romanticismo, mas muy próximo.

Y allí está la casita que una vez fue nueva, la cabaña de un peón construida con caliza de Cotswold y que ahora es (en sus paredes y tejado) de un hermoso gris cálido, pese a que al principio era de un blanco cremoso. Ninguna de sus líneas podría haber estropeado la belleza de Cotswold, todo en ella resulta sólido y bien forjado, está hábilmente planificada y bien proporcionada, en su entrada en forma de arco hay una pequeña talla angulosa y delicada y toda ella está muy bien cuidada; de hecho, es hermosa, una obra de arte y una

---

1. Cordillera del noroeste de Inglaterra, en Gloucestershire.

parte de la naturaleza, nada menos. No hay hombre que pudiera haberla hecho mejor teniendo en cuenta su ubicación y su uso.
¿Quién la construyó entonces? No fue una raza extraña de hombres, sino el albañil del pueblo de Broadway; hasta este hombre está haciendo ahora con prisas tres o cuatro casitas por allí del espantoso tipo que todos tan bien conocemos. No buscó a un arquitecto de Londres o siquiera de Worcester para que la diseñara; creo que tiene unos doscientos años y por aquel entonces, aunque la belleza perduraba en las casas de los campesinos, los arquitectos sabios construían casas para la alta burguesía que eran bastante feas, aunque sólidas y de buena factura. Sus materiales tampoco resultan muy forzados: del campo cercano provienen las piedras de los muros y de la cima de la colina se sigue extrayendo una piedra tan buena como siempre.

No, su construcción no tuvo nada de duro ni de asombroso, aunque su belleza haga que ahora nos parezca extraña.

¿Y están ustedes satisfechos con que perdamos todo esto, esta belleza simple e inofensiva que no supuso estorbo o molestia para hombre alguno y que incrementaba la belleza natural de la tierra en vez de estropearla?

Ustedes no pueden estar satisfechos con esto. Todo lo que pueden hacer es intentar olvidarlo y decir que tales cosas son consecuencia necesaria e inevitable de la civilización. ¿Realmente es así? La pérdida de una belleza tal constituye un mal indudable, mas la civilización no puede pretender de corazón causar males a la humanidad; por consiguiente, dichas pérdidas deben ser accidentes de la civilización causados por descuido, no por malicia, y nosotros (si somos hombres y no máquinas) debemos intentar enmendarlas o la civilización misma estará perdida.

Mas dejemos ahora las soleadas laderas de los Cotswolds y sus pequeñas casas grises (no vaya a ser que nos pongamos a soñar con tiempos pasados) y pensemos en los barrios periféricos de Londres –que una vez no fueron ni sombríos ni desagradables– donde seguramente tengamos algún poder para hacer algo: déjenme recordarles lo que le ocurre a la belleza de la tierra cuando alguna casa grande próxima a nuestra vivienda (que ha pasado por muchas vicisitudes como vivienda de comerciante rico, escuela, hospital o lo que sea) va a convertirse por fin en dinero líquido y es vendida a A, quien se la alquila a B, que va a construir allí casas que le venderá a C, quien las

El porvenir de la arquitectura en la civilización

alquilará a D y a las demás letras del alfabeto. Bien, la casa vieja es derribada, era algo previsible y quizás a ustedes no les importe mucho; no fue nunca una obra de arte, era bastante absurda y falta de imaginación, aunque de construcción meritoria y sin pretensiones. Pero hasta cuando está siendo demolida ustedes escuchan el hacha que se cierne sobre los árboles de su generoso jardín, que proporcionaba placer con sólo pasar a su lado y donde el hombre y la naturaleza han trabajado al unísono tanto tiempo de forma paciente en provecho de los vecinos; así que ustedes ven a los niños arrastrando por las calles grandes ramas de las oxiacantas cubiertas de flores y saben lo que va a ocurrir. A la mañana siguiente, cuando ustedes se levantan miran a la platanera grande que tan buen amigo suyo ha sido durante tanto tiempo hubiera sol, lluvia o viento, que en sí mismo constituía un mundo de acontecimientos y de belleza, mas ahora lo que hay es un hueco y no una platanera; a la mañana siguiente les llega el turno a las amplias franjas de sombra que daban los viejos cedros, auténticos tesoros de encanto y romanticismo, que también han desaparecido. Puede que a ustedes les quede la vaga esperanza de que se salve el tupido banco de lilas próximo a su casa, ya que quizás a los nuevos inquilinos les gusten las lilas, mas desaparecen al mediodía y a la jornada siguiente, cuando ustedes pasan con el corazón roto, ven que ese jardín que una vez fue grande y hermoso se ha convertido en un patio insignificante y triste lleno de barro y que todo está listo para el último desarrollo de la arquitectura victoriana, que en un plazo oportuno (dos meses) surge de este naufragio.

¿Les gusta? Se lo pregunto a quienes no han estudiado arte y creen que no les preocupa.

¡Échenle un vistazo a las casas, hay muchas donde escoger! No preguntaré si son hermosas, pues ustedes aseguran que no les preocupa si lo son o no, ¡mas sólo échenle un vistazo al tremendo desperdicio de material, de espacio, de adorno que se les ha concedido a ustedes! Si dichas casas tuvieran un toque de generosidad, de orgullo honesto, de deseo de agradar, yo las perdonaría de golpe, mas no hay ninguno, ni uno solo.

¿Por esto es por lo que ustedes han sacrificado sus cedros, sus plataneras y sus oxiacantas, que en verdad creo les gustaban? ¿Están satisfechos?

Obviamente no pueden estarlo; todo lo que pueden hacer es seguir con sus asuntos, conversar con sus familias, comer, beber, dormir e intentar olvidarlo, mas cuando piensen en ello reconocerán que ustedes y sus vecinos han sufrido una pérdida irreparable.

De nuevo, olvidar el arte ha resultado nefasto pues, aunque es concebible que la pérdida del espacio abierto circundante les haya supuesto a ustedes una pérdida en cualquier caso, con todo, la construcción de un barrio nuevo en una ciudad no debería ser una pura calamidad para los vecinos ni haberlo sido nunca; en primer lugar, el constructor ahora no mata a los árboles (no a todos en cualquier caso) por la insignificante suma de dinero que le reportarán sus cadáveres, sino porque le costará mucho adecuarlos a su planificación de las casas, así que para empezar, ustedes habrían salvado la mayor parte de sus árboles, y digo de sus árboles intencionadamente, pues eran tanto los árboles de ustedes (que los amaban y los habrían salvado) como los árboles del hombre que los descuidó y los mató. Luego, por cualquier espacio que hubieran perdido y por la destrucción del crecimiento natural en una época artística habrían sido recompensados con una belleza ordenada, con signos visibles del ingenio del hombre y de su deleite tanto en las obras de la naturaleza como en las obras de sus propias manos.

Sí que es cierto que, si hubiéramos vivido en Venecia en sus inicios, cuando se construía en un islote tras otro, no nos habría importado mucho, creo, aunque hubiésemos sido comerciantes o gente rica, el que los griegos dotaran de un eje a sus obras o que las tallas de los lombardos se nos vinieran encima y nos obstaculizaran algo la vista de las azules colinas de Euganea o de las montañas al norte. Es más, en lo que a nuestro entorno se refiere, aunque sé que debería haber amado las colinas de sauces entre la red de riachuelos del Támesis y el Cherwell, no me hubiera disgustado mucho que Oxford hubiera avanzado hacia el norte desde su sede inicial en Oseney y Rewley y que el castillo (como casa del ciudadano), el salón del investigador, la gran universidad y la noble iglesia hubieran ocultado algo más año tras año el césped y las flores de Oxforshire.[1]

---

[1]. ¡Ciertamente el de ahora es un mundo nuevo, cuando los nuevos antros de Cowley dan muerte por fuerza al puente Magdalene!

Este era el estado natural de las cosas entonces, los hombres no hacían otra cosa cuando edificaban que donar algo de belleza al mundo, mas ahora todo es al revés y cuando los hombres edifican no hacen más que llevarse algo de belleza que la naturaleza o sus propios antepasados le habían dado al mundo.

En verdad resulta sorprendente y desconcertante que el devenir de la civilización hacia la perfección haya originado esto, tan desconcertante que para algunos es como si la civilización estuviera devorando a sus propios hijos y, en primer lugar, a las artes.

No afirmaré yo eso; es una época de muchos cambios, seguramente debe haber algún remedio y –lo haya o no– al menos es mejor morir buscando uno que cruzarse de brazos y no hacer nada.

He dicho: ¿están ustedes satisfechos? Y asumo que no, aunque a muchos les parezca que cuanto menos ustedes están desvalidos; con todo, ya es algo e incluso mucho el que yo asuma razonablemente que ustedes están insatisfechos. Hace cincuenta años, hace treinta años, mejor dicho, hace quizás veinte años, habría sido inútil haber planteado dicha pregunta, sólo se podría haber respondido de una manera: estamos totalmente satisfechos, mientras que ahora al menos podemos esperar que surja la insatisfacción hasta que se busque algún remedio.

Y si se busca, ¿no debería actuarse –al menos en Inglaterra– como si ya se hubiera encontrado? A primera vista así parece en verdad, ya que puedo decir sin temor a contradecirme que los de la clase media inglesa somos el grupo de hombres más poderoso que en el mundo ha habido y que lograremos cualquier cosa que nos propongamos; sin embargo, cuando analizamos la cuestión, no se nos escapa que incluso a nosotros (con toda nuestra fuerza) nos costará provocar el nacimiento del nuevo arte, pues entre nosotros y lo que ha de venir (si el arte no ha de perecer por completo) hay algo vivo y devorador, algo semejante a un río de fuego que, ciertamente, someterá a una dura prueba a todo el que intente cruzarlo a nado y ahuyentará del chapuzón a toda alma a la que no espanten el deseo de la verdad y la percepción de los días mejores que han de llegar.

Este fuego es la premura de la vida engendrada por el perfeccionamiento gradual del comercio competitivo que nosotros, la clase media inglesa, cuando hubimos logrado nuestra libertad política, nos propusimos alentar con una energía, un entusiasmo, una firmeza de corazón que no tiene parangón en la historia. No permitimos que nadie nos bloqueara el paso, no pedimos ayuda a nadie, tuvimos un único pensamiento y nos olvidamos de todo lo demás y así logramos nuestro deseo y así forjamos algo en verdad imponente salido de las entrañas del corazón de los más fuertes.

Ciertamente, no supongo que el pequeño descontento con nuestra propia creación al que antes aludía pueda hacer frente a una fuerza tal; aún no, no hasta que se convierta en un gran descontento. No obstante, igual que no percibimos su poder destructivo y que todavía no lo hemos comprendido del todo, puede que no percibamos su lado constructivo y que un día nos ofrezca una oportunidad para ocuparnos de él de nuevo y lograr que nos ayude a que se cumplan nuestros deseos nuevos y más dignos; al menos el día en que por fin sepamos lo que queremos, esforcémonos ahora de forma no menos audaz y vigorosa, no diré para satisfacer estos deseos, sino para lograr que se extingan, igual que una vez nos esforzamos para estimularlos y sustentarlos.

Entretanto, si tan siquiera pudiésemos prepararnos desechando ciertos viejos prejuicios y quimeras al abordar las artes, alcanzaríamos antes el nivel de descontento que nos impelería a actuar: me refiero a la idea antes mencionada de que el lujo fomenta el arte y en especial la arquitectura, a la similar de que las artes florecen mejor en un país rico, es decir, un país donde el contraste entre ricos y pobres es mayor, o a la idea (la peor porque resulta la más verosímil) de la reafirmación de la jerarquía del intelecto en las artes. En realidad, es este un enemigo viejo con un rostro nuevo, nacido de la época que le asestó el golpe mortal a las jerarquías políticas y sociales y, tras haber sufrido muchos altibajos, proclamó desde un nuevo frente la divinidad de los pocos y la sumisión de los muchos y grita (como otros hicieron) que resulta conveniente, no que un hombre muera por el pueblo, sino que el pueblo muera por un hombre.

Puede que quizás estas tres cosas, pese a presentar formas diferentes, en el fondo no sean más que una sola, a saber, la tiranía; pero como quiera que sea, hay que hacerles frente con una respuesta y no hay otra posible: si el arte que ahora está enfermo ha de vivir y no morir en el futuro, ha de ser del pueblo, por el pueblo y para el pueblo, debe comprender a todos y ser comprendido por todos; la igualdad ha de ser la respuesta a la tiranía, si no se consigue esto, el arte morirá.

El arte pasado de lo que ha llegado a ser la Europa civilizada desde la época del declive de los antiguos pueblos clásicos derivó de la interacción entre el instinto y la cadena intacta de la tradición; no lo alimentaba el conocimiento sino la esperanza y, aunque no pocas ilusiones extrañas e incontroladas se confundían con esa esperanza, siempre fue humano y provechoso: consoló a no pocos hombres, liberó el alma del cuerpo de no pocos esclavos, proporcionó placer sin límites a quienes lo crearon y a quienes lo usaron, perduró años y años pasando la antorcha de la esperanza de mano en mano sin apenas dejar constancia de lo mejor y lo más noble del ser humano, pues lo que menos podía tolerar este arte era crear para sí mismo reyes y tiranos; empleó la mano y el alma de todo hombre desde el más elevado al más humilde y al menos en su seno todos los hombres eran libres. Cumplió su cometido, no creando un arte más perfecto que el anterior, sino otras cosas ajenas al arte: libertad de pensamiento y de expresión y el anhelo de luz y conocimiento y de los días venideros que habrían de acabar con él, de modo que al final murió en su hora de mayor esperanza, casi antes de que sus mejores exponentes desaparecieran del mundo. Ahora está muerto y ninguna añoranza nos lo podrá ya devolver; no queda ningún eco suyo en las pueblos a los que una vez hizo feliz.

¿Quién puede profetizar sobre el arte que ha de venir? Mas algo al menos parece desprenderse de comparar el arte pasado con la confusión en la que ahora nos vemos y la luz tenue que brilla a lo lejos: que ese arte ya no volverá a ser el arte del instinto, de la ignorancia que espera aprender y que se esfuerza por ver, pues ahora la ignorancia ya no alberga esperanzas. De esta y de otras formas puede que el arte que ha de venir difiera del arte del pasado, mas en un cosa ha de ser igual por fuerza: no será un misterio esotérico compartido por un reducido grupo de seres superiores; no será más jerárquico de lo que lo fue el arte del pasado, sino que, como este, será un obsequio del pueblo para el pueblo, algo que todo el mundo pueda comprender y que todo el mundo acoja con amor; será parte de la vida de todos y un obstáculo para la de nadie.

Pues esta es la esencia del arte y lo que lo hace eterno, todo lo demás es accidental y pasajero.

Por esto, vean ustedes, es por lo que el arte de hoy día está tan a la deriva, ¡ojalá pudiera decir por lo que *ha estado* tan a la deriva! Ha estado enfermo a causa de tanto tener que lidiar con la tiranía y ahora con la vida que le queda ha de esforzarse por volver a la igualdad.

¡He ahí la ardua tarea que nos aguarda! Conseguir que toda la gente sencilla se interese por el arte, conseguir que insista en que se convierta en parte de su vida, sea lo que sea lo que le ocurra a sistemas de comercio y trabajo que algunos consideramos perfectos.

En lo sucesivo, este será durante mucho tiempo el verdadero cometido del arte y –sí, lo diré puesto que lo pienso–, en realidad, también el de la civilización, mas ¿cómo nos pondremos a trabajar en él? ¿Cómo vamos a proporcionarle a gente que carece de tradiciones artísticas ojos con los que mirar las obras que nosotros hacemos para ellos? ¿Cómo vamos a proporcionarle a esa gente una pausa en el trabajo y un respiro en la ansiedad para que disponga de tiempo para meditar sobre el deseo vehemente de belleza con el que, según se dice, nacen los hombres, incluso en las calles de Londres? Y sobre todo, dado que esto alentará al resto de forma rápida y segura, ¿cómo vamos a proporcionarles esperanza y placer en su trabajo diario?

¿Cómo vamos a proporcionarles este alma del arte sin la cual los hombres son peores que salvajes? ¡Ojalá nos instaran ellos a hacerlo! ¿Mas cuáles son las fuerzas con las que han de motivarnos y dónde se hallan? ¿Dónde está la palanca y dónde el punto de partida?

¡Preguntas difíciles en verdad! Mas a menos que estemos dispuestos a buscarles una respuesta, nuestro arte es un mero juguete que puede que nos distraiga un poco, pero que no nos prestará apoyo cuando lo precisemos. La clase culta, como se la denomina, sentirá cómo el arte se aleja de ella hasta que algunos de sus miembros no hagan más que mofarse de él como de algo sin valor y otros se queden mirándolo como un ejercicio singular del intelecto que, una vez está hecho, resulta inútil, pero que entretiene al ver cómo se hace. ¿Cuánto tiempo va a vivir el arte en estos términos? Sin embargo, tal sería incluso ahora el estado del arte de no ser por la esperanza que les voy a plantear: la esperanza de un arte que exprese el alma del pueblo.

Por consiguiente, afirmo que en estos días nosotros, hombres civilizados, hemos de decidir si vamos a dejar de lado al arte o no; si decidimos hacerlo, no tengo nada más que decir, salvo que *puede* que hallemos algo que ocupe su lugar como solaz y gozo de la humanidad, mas dudo mucho que lo consigamos. Pero si nos negamos a dejar de lado al arte, entonces hemos de buscar respuesta a esas difíciles preguntas antes mencionadas, de las cuales esta es la primera.

¿Cómo podremos proporcionarle a gente que carece de tradiciones artísticas ojos con los que ver obras de arte? Indudablemente, harán falta muchos años de esfuerzo y de éxitos antes de que podamos pensar en responder por completo a esta pregunta y, si nos esforzamos por cumplir este cometido, mucho antes de que la respondamos del todo existirá entre nosotros algún tipo de arte popular perdurable. Pero entretanto, y dejando a un lado la respuesta que todo artista debe aportar como partícipe de la pregunta, hay una tarea obvia para todos nosotros: que nos propongamos, todos y cada uno de nosotros, hacer lo posible por salvaguardar la belleza natural de la tierra. Deberíamos considerar un crimen, una injuria a nuestros semejantes sólo excusable por ignorancia, dañar la belleza natural (que es propiedad de todos los hombres) y como casi un crimen quedarnos mirando sin hacer nada mientras otros la dañan, cuando ya no podemos alegar desconocimiento de dicha situación.

Pues esta tarea, al ser la más obvia para todos nosotros y la forma primordial y más asequible de devolverle los ojos a la gente, por fortuna es la que se puede emprender más fácilmente. Hasta cierto punto, todos aquellos de buena disposición para con los bienes públicos estará de parte de ustedes; mejor dicho, aunque se trate de un inicio modesto, al menos se ha avanzado algo en este sentido. Bien podemos decir, teniendo en cuenta cuán desesperanzadoras resultaban las cosas hace veinte años, ¡que resulta gratísimo para nuestros ojos! Con todo, si alguna vez conseguimos librarnos de los problemas que ahora nos deleitan, quizás a quienes nos sucedan les parezca más sorprendente aún que los habitantes de la ciudad más rica del mundo una vez se sintieran un poco orgullosos de que los miembros de una pequeña, modesta y algo oscura sociedad (me atreveré a decirlo) de beneficencia sintieran que su deber era cerrar los ojos ante la aparente desesperanza de combatir con sus débiles medios los males mayúsculos con los que habían de convivir, de forma que, modestamente, empezaran a despertar la conciencia general del público ante dichos males.

Mantengo que, aunque solicito su apoyo ferviente para asociaciones tales como la Kyrle y las Sociedades para la Conservación de la Cámara de los Comunes; aunque estoy seguro de que han empezado por el lugar adecuado, pues ni los dioses ni los gobiernos ayudan a quienes no se ayudan a sí mismos; aunque no hemos de esperar que nadie nos ayude salvo nosotros mismos para ocuparnos del espanto y la miseria que devoran nuestras grandes ciudades, especialmente Londres, de la que todo el país es responsable. Con todo, sería ilógico no reconocer que las dificultades en nuestro camino son demasiado grandes y generalizadas como para hacerles frente sólo con esfuerzos privados o semiprivados.

Todo lo que podemos hacer al respecto es considerarlos, no como paliativos de un estado de cosas insoportable, sino como indicios de lo que deseamos que sea; en resumen, devolverle a nuestro país la belleza natural de la tierra, que tanto nos avergüenza haberle arrebatado, y nuestro principal deber aquí será estimular esta vergüenza y el dolor que de ella se deriva en el corazón de nuestros semejantes. Este, afirmo, es uno de los principales deberes de todos los que tienen derecho a llamarse hombres cultos y creo que, si le somos fieles, ayudaremos a fomentar entre nosotros un gran impulso por la belleza que resultará tan irresistible que creará por sí misma un movimiento nacional que eliminará todas las dificultades que nos separan de una vida decente, aunque mientras tanto, estas se hayan multiplicado por mil, como no es sino bastante probable que ocurra.

Seguramente surgirá esa luz, aunque ni nosotros ni nuestros hijos la veremos, aunque puede que mientras tanto la civilización se hunda en lugares bastante oscuros; seguramente un día la creación será considerada más honrosa, más digna de la majestad de una gran nación que la destrucción.

Ciertamente resulta extraño, deplorable, apenas comprensible, si nos lo planteamos como hombres y no como máquinas, que después de todo el progreso de la civilización resulte tan fácil que un pequeño discurso formal –unos cuantos renglones en una hoja de papel– ponga en marcha un mecanismo terrible que, sin oposición alguna por nuestra parte, matará a diez mil de nuestros hombres y acabará con quién sabe cuántos miles de familias y que esto apenas afecte a las conciencias de todos nosotros; mientras que, si se trata de asestarle un golpe a los males apabullantes y graves que nos acosan, males que toda persona reflexiva siente y lamenta y de los que sólo nosotros somos responsables, no sólo no hay un sistema nacional que se encargue de ellos (aunque estos males se vuelvan más repugnantes cada año), sino que cualquier señal de que tal cosa sea posible es recibida con risotadas, con terror o con una culpa dura y severa. El derecho a la propiedad, la necesidad de la moralidad, el interés por la religión, ¡estas son las palabras sacramentales de la cobardía que nos silencian!

Señores: he hablado de hombres reflexivos que sienten estos males, mas piensen ustedes en todos los millones de hombres a los que ha engendrado nuestra civilización que ni son reflexivos ni han tenido oportunidad de serlo, ¿cómo pueden ustedes entonces dejar de reconocer el deber de defender la belleza de la tierra? ¿Y de qué sirve nuestro refinamiento si sólo sirve para hacernos cobardes refinados? Respondamos a estos débiles consejos de la desesperación afirmando: nosotros también poseemos una propiedad de la que nos priva vuestra tiranía de la miseria, cuya vileza aplasta nuestra moralidad y cuya injusticia se burla de la religión que también poseemos.

Bien, sean cuales fueren los obstáculos que nos encontremos en nuestro empeño por devolverle a la gente los ojos que les hemos robado, por ahora podemos sortearlos, puesto que fundamentalmente estos son obstáculos para gente que está empezando a recuperar la vista de nuevo; para gente que –pese a no estar acostumbrada al arte– puede estudiar esos poderosos impulsos que una vez guiaron a razas y naciones. Para ello es para lo que los museos y la educación artística resultan de utilidad, mas está claro que no pueden llegar a una gran masa de gente, que hoy por hoy se queda mirándolos fijamente con un asombro carente de inteligencia.

Hasta que nuestras calles no sean decentes y ordenadas y los parques de nuestras ciudades no pongan freno al ladrillo y a la mezcla acá y allá y estén abiertos a todos, hasta que incluso los prados próximos a nuestras ciudades se vuelvan hermosos y bellos y dejen de estar mancillados con parches espantosos, hasta que tengamos un cielo claro sobre nuestras cabezas y un césped verde bajo nuestros pies, hasta que el enorme dramatismo de las estaciones conmueva a nuestros trabajadores con sentimientos que no sean el sufrimiento del invierno y el cansancio del verano; hasta que todo esto no ocurra, nuestros museos y escuelas de arte no serán más que diversión para ricos y pronto también dejarán de resultarles útiles a ellos, a menos que decidan que lo mejor que pueden hacer es devolvernos la belleza de la tierra.

En lo que he estado diciendo en este último punto he tenido en mente las obligaciones especiales que tenemos la gente culta, mas en nuestro empeño por este fin –al igual que por todos los demás– nosotros la gente culta no podemos estar solos, ni tampoco podemos hacer mucho por abrirle los ojos al pueblo hasta que no nos pida a gritos que se los abramos. No pongo en duda que el deseo de combatir y superar la sordidez de la vida urbana hoy día aún pervive en la mente de los trabajadores, al igual que en la nuestra, mas dicho deseo no puede ser sino impreciso y falto de control en hombres que tienen tan poco tiempo libre y que están tan rodeados de horror como ellos. Esto nos lleva a nuestra segunda pregunta: ¿cómo va a conseguir el pueblo en general suficiente descanso del trabajo y suficiente alivio de la ansiedad para dejar sitio a su deseo innato de belleza?

Ahora la parte de la pregunta anterior que no tiene que ver con la que sigue ¿cómo conseguirá el pueblo un trabajo adecuado que hacer? creo que ha de contestarse de forma adecuada.

El fuerte cambio que ha originado en el mundo el éxito del comercio competitivo, pese a lo que pueda haber destruido, al menos ha logrado una cosa sin darse cuenta: de ella ha nacido el poder creciente de la clase trabajadora. La determinación que este poder ha generado para elevar la condición de esta clase avanzará y prosperará con nuestra buena voluntad e incluso a pesar de ella, no lo dudo, pero me parece que es importante tanto para la clase trabajadora como para nosotros mismos que tenga toda nuestra buena voluntad a su lado, así como cualquier ayuda que por lo demás seamos capaces de ofrecerle, merced a nuestra determinación de tratar con rectitud a los trabajadores, incluso cuando parezca que esa justicia conlleva una pérdida para nosotros. La época de las protestas poco razonables y airadas contra los sindicatos ha terminado ya, me congratula creer, y ha dado paso a la esperanza en una época en que estas grandes asociaciones, bien organizadas, bien servidas y firmemente apoyadas –como me *consta* que lo están– encontrarán otra función que cumplir que no sea respaldar temporalmente a sus miembros y ajustar los salarios en función de sus tareas. Cuando esa esperanza empiece a hacerse realidad y ellos encuentren que pueden contar con la ayuda de grupos dispersos de la clase culta, estoy seguro de que las reivindicaciones del arte –tal como ellos y nosotros entendemos la palabra– no les resultarán ajenas en absoluto.

Mientras tanto, a nosotros a quienes se nos denomina artistas, dado que por desgracia esta palabra en la actualidad significa cualquier cosa menos artesano, a nosotros que, o nos dedicamos a las artes con nuestras propias manos o las amamos tanto que podemos acceder a los sentimientos más íntimos de quienes sí lo hacen, a nosotros nos corresponde encargarnos de nuestra última cuestión, el incitar a otros a que se planteen responder a esto: ¿cómo le proporcionaremos al pueblo en general esperanza y placer en su trabajo diario de tal forma que en épocas venideras la palabra arte *vaya* a ser correctamente entendida?

De todo lo que tengo que decirles esto me parece lo más importante: que nuestro trabajo diario y necesario, del que de ninguna forma podríamos escapar, al que de ninguna forma podríamos renunciar, debiera ser humano, serio y placentero, no mecanizado, trivial u oneroso. Sostengo que esto no sólo constituye el fundamento de la arquitectura en todos los sentidos de la palabra, sino también de la felicidad en todos los aspectos de la vida.

Permítanme que, antes de proseguir, afirme que, aunque de ningún modo me avergüenzo de repetir las palabras de hombres que me han precedido en ambos sentidos, quiero decir, en tiempo y en clarividencia; debería avergonzarme de hacerles creer a ustedes que me olvido de sus esfuerzos, que son en los que yo baso los míos. Sé que el meollo de lo que estoy diciendo sobre este tema lo planteó hace ya muchos años y por vez primera el Sr. Ruskin en ese capítulo de *Las piedras de Venecia* que se titula «Sobre la naturaleza del Gótico», con unas palabras más claras y elocuentes de las que cualquier hombre vivo podría usar ahora. Tan importantes me parecen que, en mi opinión, se deberían exponer en todas las escuelas de arte a lo largo y ancho del país, es más, en toda asociación del mundo de habla inglesa que de alguna manera pretenda promover la cultura de la humanidad. Pero lamento tener que decirlo, mi excusa para hacer ahora poco más que repetir esas palabras es que se les ha prestado menos atención que a la mayoría de las cosas que ha dicho el Sr. Ruskin. Supongo que la gente ha tenido miedo de ellas, no fuera a ser que descubrieran que la verdad que encierran les afectara tan rápido a la mente que les obligara a actuar de acuerdo con ella o a confesar su indolencia y su cobardía.

Tampoco voy a fingir que me sorprendo de ello, pues si en algún momento la gente reconociera que es cierto, que no es sino justo y noble que en el trabajo de todo hombre siempre deba haber algo de esperanza y de placer, debería intentar que ocurra el cambio que lo haga realidad y no ha habido en toda la historia un cambio más importante en la vida del hombre de lo que este sería.

No obstante, por muy radical que pueda ser ese cambio, la arquitectura no tiene porvenir en la civilización a menos que se logre dicho cambio y mi propósito hoy es, no diré convencerles de esto, sino hacer que algunos de ustedes se vayan incómodos con que quizás sea cierto. Si puedo conseguirlo, habré alcanzado mi objetivo.

Veamos, sin embargo, el prisma desde el que la gente culta, hombres que no carecen de pensamientos serios sobre la vida, considera esta cuestión, no sea que por ventura parezca que sólo estamos dando palos de ciego. Cuando les haya dado un ejemplo de esta forma de pensar, ofreceré la mejor respuesta que pueda con la esperanza de lograr que algunos de ustedes se sientan incómodos, insatisfechos y revolucionarios.

Hace unos meses leí en un periódico la crónica de un discurso pronunciado ante la asamblea de trabajadores de una conocida empresa de fabricantes (como se les denomina). El discurso era de tono humanitario y reflexivo, pronunciado por uno de los líderes del pensamiento moderno; la empresa a cuya gente iba dirigido era y es conocida no sólo por su éxito comercial, sino también por la consideración y la buena voluntad con que trata a su plantilla, hombres y mujeres. No resulta sorprendente, por tanto, que el discurso resultara de agradable lectura, pues el tono era el de un hombre que le habla a amigos que pueden entenderle bien y a quienes él no precisa esconder nada, pero al final me topé con una frase que me hizo pensar a fondo de tal forma que olvidé todo lo anterior. Era algo así y creo que casi con estas mismas palabras: «ningún hombre trabajaría si no fuera porque espera conseguir tiempo libre trabajando»; el contexto demostraba que esto se asumía como una verdad manifiesta.

Bien, durante muchos años mi mente ha estado concentrada en lo que por mi parte yo considero un axioma que podría expresarse así: ningún trabajo que no se pueda hacer sin placer merece la pena ser hecho. Puede que ustedes crean que yo estaba muy afectado porque un hombre docto y formal tuviera una postura tan completamente distinta con una certeza tan segura. ¡Qué poco ha logrado, pensé, todo el fuego y la elocuencia de Ruskin hacer que la gente llegue a una verdad tal, a una verdad de consecuencias tan fértiles!

Entonces retomé en mi mente la frase incómoda, «ningún hombre trabajaría si no fuera porque espera conseguir tiempo libre trabajando», y vi que era otra forma de expresarlo: primero, todo el trabajo del mundo se hace a contracorriente; segundo, lo que un hombre hace en su «tiempo libre» no es trabajo.

Un soborno exiguo, esperar que dicho tiempo libre complemente el otro aliciente para trabajar, que supongo es el miedo a morirse de hambre; un soborno escaso pues la mayoría de los hombres, como los tejedores e hilanderos de Yorkshire (y casi todos los que están mucho peor que ellos) trabajan por un tiempo libre tan reducido que por fuerza uno tiene que afirmar que, si toda su esperanza se reduce a eso, ¡con esta esperanza les han embaucado bastante!

Esto fue lo que pensé y a continuación que, si en verdad fuese cierto e irremediable que ningún hombre trabajaría a menos que esperara obtener tiempo libre trabajando, no haría mucha falta el infierno de los teólogos, pues un país civilizado densamente poblado donde como ustedes saben, después de todo la gente debe trabajar en algo, cumpliría dicha función bastante bien. Mas de nuevo yo sabía que esta teoría de la repugnancia general y necesaria del trabajo era en realidad común y que la comparte todo tipo de gente que, pese a no ser un monstruo insensible, no obstante se ha vuelto oronda y superficial.

Así que, para explicar este enigma, me puse a pensar en la única vida de la que sabía algo, a saber, la mía propia, y por los suelos rodó la base de la teoría.

Me puse a pensar en lo que me pasaría si se me prohibiera el trabajo diario y supe que me moriría de desesperación y de hastío, a no ser que de forma inmediata pudiera ocuparme de otra cosa que pudiera convertir en mi trabajo diario; vi con claridad que yo en absoluto trabajaba para conseguir tiempo libre, sino motivado en parte por miedo al oprobio o a morirme de hambre y en parte –e incluso en gran medida– porque amo el trabajo en sí. En cuanto a mi tiempo libre, bien, tuve que reconocer que sí que en verdad paso parte de él como un perro, digamos que reflexionando, y me gusta mucho, mas también paso otra parte trabajando; dicho trabajo me proporciona tanto placer como el trabajo que me da de comer, ni más ni menos y, por consiguiente, no puede ser ni soborno ni esperanza para las horas de trabajo de todos mis días normales.

A continuación me puse a pensar en mis amigos, simples artistas, y por tanto –ya saben– gente vaga por definición. Descubrí que lo único de lo que disfrutaban era de su trabajo y que su única idea de ocio feliz era otro trabajo, tan valioso para el mundo como su trabajo diario. De mí sólo se diferenciaban en que les gustaba menos el ocio canino y más el trabajo humano.

No avancé mucho cuando pasé de los simples artistas a los hombres importantes, los hombres públicos. No podía hallar signos de que trabajaran sólo para conseguir tiempo libre, todos trabajaban por trabajar y por realizar hazañas. ¿Acaso los ricos se pasan toda la noche sentados en la Cámara de los Comunes por conseguir tiempo libre? Si así fuera, sería un triste despilfarro de trabajo. ¿O el señor Gladstone?[2] No parece que haya conseguido demasiado tiempo libre haciendo un trabajo razonablemente extenuante; el que consiga podría haberlo conseguido de una forma mucho más fácil, estoy seguro.

¿Se reduce entonces a esto, a que hay hombres, digamos una clase de hombres, cuyo trabajo diario, aunque no puedan escapar de él, les produce principalmente placer y otras clases de hombres cuyo trabajo diario les resulta totalmente irritante y sólo soportable porque mientras lo realizan esperan conseguir de ese modo un poco de tiempo libre al finalizar el día?

---

2. William E. Gladstone (1809-1898). Primer ministro de Gran Bretaña en cuatro ocasiones durante la segunda mitad del siglo XIX como líder del Partido Liberal (n. del t.).

El porvenir de la arquitectura en la civilización

Si ello fuera totalmente cierto, el contraste entre las dos clases de vida sería mayor que el contraste que habría entre la mayor delicadeza vital y las mayores penurias o entre la mayor de las calmas y el mayor de los tumultos. La diferencia sería literalmente inconmensurable.

Mas, aunque pudiera, no me atrevo en una cuestión de tal importancia, a exagerar los males que les estoy pidiendo que combatan. No es del todo cierto que exista una diferencia tan inconmensurable entre la vida de diversas clases de hombres o el mundo apenas habría logrado pasar de la segunda mitad de este siglo: el sufrimiento, el rencor y la tiranía nos habrían destrozado a todos.

La desigualdad, incluso en los peores casos, realmente no es tan grande: cualquier empleo en el que se puede hacer algo mejor o peor resulta placentero, pues a todos los hombres les gusta más o menos hacer lo que saben hacer bien; hasta el trabajo mecánico les resulta agradable a algunas personas (entre otras a mí) si no resulta demasiado mecánico.

Sin embargo, aunque no sea del todo cierto que el trabajo diario de algunos hombres resulta totalmente agradable y el de otros totalmente oneroso, aun así es bastante cierto tanto que no andamos lejos de la verdad, como que las cosas empeorarán rápidamente si la gente no abre los ojos a tiempo. Algún trabajo, mejor dicho, casi todo el trabajo que realizan los trabajadores manuales, es demasiado mecánico y quienes lo realizan deben o abstraer su mente por completo (en cuyo caso no son más que máquinas mientras trabajan) o deben sufrir al llevarlo a cabo un hastío tan atroz que apenas resulta imaginable. La naturaleza desea que al menos vivamos pero rara vez, supongo, permite que ocurra la última desgracia mencionada y que los trabajadores que por norma realizan un trabajo puramente mecánico se conviertan en meras máquinas en lo que a su trabajo respecta. Ahora bien, igual que estoy bastante seguro de que ningún arte, ni siquiera el más débil, el más tosco o el menos inteligente puede surgir de dicho trabajo, estoy igualmente seguro de que dicho trabajo hace al trabajador menos hombre y lo degrada de forma grave e injusta y de que nada puede compensarle ni a él ni a nosotros por tal degradación, y quiero que ustedes se fijen especialmente en que esto ya se apreciaba de forma instintiva en los albores mismos de las llamadas artes industriales.

Cuando un hombre giraba la rueda, usaba la lanzadera o golpeaba el acero se esperaba que hiciera algo más que una olla, ropa o un cuchillo, se esperaba que también hiciera una obra de arte: si no fracasaba, lograba hacer una obra de belleza elevada. Se creía que ello resultaba absolutamente necesario para la paz mental tanto de quien la hacía como de quien la usaba y a esto es a lo que yo denomino arquitectura:[3] el convertir objetos necesarios para la vida diaria en obras de arte.

Visto así, ciertamente parece que el contraste inconmensurable antes mencionado entre dicho trabajo y el trabajo mecánico es menor y creo con la mayor de las seguridades que los oficios que crean nuestras mercancías comunes requieren este impulso de la felicidad no menos ahora de lo que lo requerían en la época de los faraones; pero hemos olvidado esta necesidad y, en consecuencia, hemos llevado el trabajo artesanal a una degradación tal que un hombre sabio, sensato y humanitario puede proponer el axioma de que ningún hombre trabajará de esa manera excepto para conseguir tiempo libre.

Mas olvidémonos ahora de las formas convencionales de analizar el trabajo que produce las cosas de la vida diaria, formas que en parte derivan del desdichado estado de las artes en los tiempos modernos y en parte supongo que de la repulsión por la artesanía que parece haberse apoderado de algunas mentes en todas las épocas; olvidémonos de esto e intentemos pensar cómo le va a las diversas formas de trabajar artesanalmente.

Creo que se puede dividir el trabajo relacionado con la arquitectura en tres clases: la primera es puramente mecánica, quienes hacen esto sólo son máquinas y cuanto menos piensen en lo que hacen tanto mejor será, suponiendo que estén adecuadamente instruidos. El propósito de este trabajo, hablando claro, no es hacer mercancías de ningún tipo, sino lo que por un lado se denomina empleo, por otro se llama lucro, es decir, en otras palabras la multiplicación de la especie del trabajador mecánico y el incremento de la riqueza del hombre

---

3. Morris extiende aquí el término «arquitectura» a la producción estéticamente valiosa de objetos de uso común.

que le pone a trabajar, a quien por una extraña perversión del lenguaje en nuestra jerga moderna se le llama fabricante.[II] A este tipo de trabajo llamémosle trabajo mecánico.

La segunda clase es más o menos mecánica según requiera el caso, pero siempre puede hacerse mejor o peor. Si ha de hacerse bien, requiere la atención del trabajador, que debe imprimirle alguna huella de su individualidad; en mayor o menor proporción poseerá arte sobre el que por lo menos tendrá algún control el trabajador, que trabajará en parte para ganarse el pan de una forma que no sea demasiado dura o repugnante, sino que haga que incluso sus horas de trabajo pasen de forma agradable y en parte para hacer mercancías que, una vez hechas, supongan una ganancia obvia para el mundo, cosas que elogiar y disfrutar: a este yo lo llamaría trabajo inteligente.

La tercera clase de trabajo apenas tiene nada de mecánico, es totalmente individual, es decir, lo que gracias a él hace un hombre no podría haberlo hecho nunca otro hombre. En el sentido estricto de la palabra, este trabajo es todo placer; cierto es que causa molestias, perplejidad y cansancio, mas son como las molestias de una vida hermosa, los lugares oscuros que hacen que los brillantes brillen con más fuerza, son el elemento romántico del trabajo y no hacen sino elevar al trabajador en vez de deprimirlo: a este lo llamaría trabajo imaginativo.

Puedo figurarme que a primera vista a ustedes les parezca que hay más diferencias entre este último y el trabajo inteligente que entre el trabajo inteligente y el trabajo mecánico, pero no es así. Las diferencias entre estos dos son las diferencias entre Ormuz y Arimán,[4] mientras que las diferencias entre el trabajo inteligente y lo que a falta de mejor término yo denomino trabajo imaginativo sólo son cuestión de grado. En una época en la que el arte resulta noble y abundante no hay ruptura alguna en la cadena que va del más humilde de la clase baja al más destacado de la clase alta, desde el pobre tejedor que sonríe cuando consigue un color brillante color

---

II. O, hablando aún más claro todavía, la reproducción ilimitada de trabajadores mecánicos como trabajadores mecánicos, no como hombres.

4. Las deidades principales del zoroastrismo, religión de origen persa: Ormuz representa el bien y Arimán el mal (n. del t.).

brillante al gran pintor ansioso que duda si puede darle al mundo todo su pensamiento o sólo el noventa por ciento. Todos son artistas, es decir, hombres; mientras tanto, el obrero mecánico, que en sus colores no aprecia la diferencia entre brillante y mate, sino que sólo los conoce por números, cuando está en el trabajo no es un hombre, sino una máquina. En realidad, cuando el trabajo inteligente coexiste con el imaginativo no hay una separación dura y rígida entre ambos; en las mejores y más felices épocas del arte apenas hay trabajo inteligente alguno que no sea también imaginativo y no faltan pocos esfuerzos, dudas e incluso deseos inexpresados hasta en el más elevado de los trabajos imaginativos; la bendición de la igualdad eleva al arte menor y tranquiliza al mayor.

Avanzando un poco más, el trabajo mecánico se alimenta de la premura y las exigencias de la civilización que (como dije antes) la clase media de este país tanto ha hecho por fomentar. A primera vista es hostil a la civilización, una maldición que para sí misma ha creado la civilización, que ya no puede pensar en controlarlo o abolirlo. Esto es lo que parece, afirmo yo, mas como en sí misma la civilización contiene un cambio que es un cambio tremendo, bien podría ser que el trabajo mecánico consista en algo más que una simple pérdida: destruirá del todo el arte tal como lo conocemos a menos que a este lo destruya un arte recién nacido. A pesar de todo, quizás en el peor de los casos el trabajo mecánico destruya otras cosas próximas que son el veneno del arte y a la larga a sí mismo, abriendo así camino a un arte nuevo de cuya forma no sabemos nada.

El trabajo inteligente es hijo de la civilización luchadora y esperanzada y su cometido es añadir un interés renovado a vidas simples y sin sobresaltos, aliviar el descontento con un placer inocente y fértil de acciones beneficiosas para la humanidad, bendecir a los muchos millones que trabajan duro con una esperanza que se repite a diario y a los que de ninguna manera va a defraudar.

El trabajo imaginativo es el florecer mismo de la civilización triunfal y esperanzada y de buen grado podría guiar a los hombres a aspirar a la perfección; cada esperanza que satisface da vida a otra esperanza más; lleva en su seno el valor y el sentido de la vida y la llamada a luchar por comprenderlo todo, a no temer nada y no odiar nada, en una palabra, es el símbolo y el sacramento de la valentía del mundo.

Así están las cosas hoy día en lo que respecta a estas tres clases de trabajo: el trabajo mecánico ha engullido al trabajo inteligente y a todo el flanco inferior del trabajo imaginativo y la enorme cantidad de lo pésimo se enfrenta ahora al escaso pero todavía brillante despliegue de lo óptimo; el arte que queda se retira a su bastión del arte intelectual más elevado y allí permanece refugiado.

A primera vista su esperanza de victoria es ciertamente exigua, aunque a los que vivimos ahora nos parece que el hombre aún no ha perdido toda esa parte de su alma que ansía la belleza; más aún, no podemos sino esperar que todavía se esté muriendo. Si dicha esperanza no nos engaña, si el arte de hoy día ha logrado salir con vida de ese abismo de la desesperación al que llamamos siglo XVIII, seguramente crecerá, cobrará fuerzas y atraerá hacia sí otras formas del intelecto y de la esperanza que ahora apenas lo conocen y, entonces, sean cuales fueren los cambios que experimente, saldrá al fin victorioso y proporcionará un enorme contento a la humanidad. Por otra parte, si como algunos creen, no es más que el reflejo y el débil espectro de aquel glorioso otoño que puso fin a los días felices del intenso arte de la Edad Media, no será muy difícil acabar con él: el trabajo mecánico eliminará todo el trabajo artesanal del hombre y el arte desaparecerá.

Yo mismo soy un hombre demasiado atareado para preocuparme mucho por lo que pueda ocurrir después de eso. Sólo puedo decir que, si a ustedes no les gusta la idea de ese vacío sin vida, incluso si ustedes no saben mucho de arte o les interesa poco, no desechen la idea, sino piensen en ella una y otra vez y aprecien los problemas que genera hasta que tal futuro les parezca a ustedes insoportable y, entonces, decidan que no van a aguantarlo e, incluso si ustedes desconfían de los artistas que hay ahora, dispónganse a despejar el camino para los artistas que están por llegar. Entonces no les contaremos a ustedes entre nuestros enemigos, por muy mal que nos lleguen a tratar.

He hablado de una de las partes más importantes de esta tarea: les he rogado que de todo corazón se dediquen a proteger lo que queda de la belleza natural de la tierra y a recuperar la que se ha perdido; no menos les ruego que hagan lo que puedan para amontonar algo de tierra firme en medio de la gran avalancha de trabajo mecánico, para hacer un esfuerzo por conseguir trabajo humano y esperanzado para ustedes y para sus semejantes.

Pero si nuestra primera tarea de custodiar la belleza de la tierra era ardua, esta es mucho más ardua, y yo no puedo fingir creer que podemos combatir a nuestro enemigo de una forma directa, pero de una indirecta lo más seguro es que podamos lograr algo o al menos poner los cimientos de algo.

Pues el arte engendra arte y toda obra encomiable que una persona hace y otra disfruta provoca un ansia de más y, dado que no puede crearse arte mediante el trabajo mecánico, la demanda de arte de verdad implicará la demanda de trabajo inteligente que –de perdurar en el tiempo– generará su propia oferta, al menos eso espero yo.

Creo que lo que estoy diciendo ahora lo entenderán bien aquellos a quienes de verdad les preocupa el arte, pero, hablando con franqueza, sé que cuesta mucho encontrarlos incluso entre la clase culta. Hay que reconocer que la clase media de nuestra civilización se ha entregado al lujo en vez de al arte y que somos tan abyectamente viles que hasta nos congratulamos de ello y deshonramos el recuerdo de gente valerosa de épocas pasadas y nos burlamos de ellos, porque no tenían que soportar los incordios que a nosotros un hábito absurdo nos ha hecho considerar necesarios. Tengan la certeza de que no nos estaremos empezando a preparar para el arte que ha de venir hasta que hayamos eliminado todo esto de nuestras mentes y nos pongamos a trabajar para librarnos de todos los lujos inútiles (que algunos llaman comodidad), que hacen que nuestras acartonadas casas con arte sofocante resulten más primitivas que el poblado vallado de un zulú o que un refugio para la nieve en Groenlandia Oriental.

Estoy seguro de que más de un hombre estaría deseando ponerse a ello si fuera lo bastante atrevido. Creo que hay gente sencilla que cree que es inmune al arte y a la que en realidad sólo le desconciertan y aburren los adornos y las tonterías; si no en ellos, al menos en sus hijos sí que quizás podamos buscar los albores de la construcción del arte que ha de venir.

Mientras tanto, afirmo, hasta que el comienzo de la nueva tarea no resulte obvio, destruyamos al menos el arte falso. Con total seguridad, una de las maldiciones de la vida moderna es que, si la gente no tiene ni tiempo ni ojos para percibir el verdadero objeto de su deseo ni dinero para comprarlo, forzosamente debe quedarse con un sustituto mecánico. Con este hábito cobarde y perezoso se alimenta, potencia y florece el trabajo mecánico y toda la esclavitud del cuerpo y de la mente que conlleva; de esta estupidez nacen el ansia del público por abusar en los tratos con los comerciantes, la determinación (por lo general efectiva) de los comerciantes de abusar de ellos y toda la burla y desobediencia que últimamente han sufrido (no sin razón) los comerciantes británicos y los trabajadores británicos, hombres tan honrados como nosotros mismos si no les obligásemos a engañarnos y les recompensáramos por ello.

Pues si el público supiera algo acerca del arte, es decir, de la excelencia de las cosas hechas por el hombre, no toleraría farsa alguna y si no pudiera conseguir el auténtico arte, aprendería a vivir sin el arte falso y a no pensar que esta carencia ha dañado su sensibilidad.

Una vida simple, incluso la más escueta, no es una desgracia, sino el cimiento mismo del refinamiento: un suelo pulido y paredes encaladas, en el exterior árboles verdes, prados floridos y agua con vida o un palacio mugriento rodeado de humo con un regimiento de doncellas siempre trabajando para que la suciedad pase desapercibida; ¿cuál de esos dos viviendas, creen ustedes, resulta más refinada, más adecuada para un caballero?

Por eso digo que, si ustedes no pueden aprender a amar el arte verdadero, al menos aprendan a odiar el arte fingido y a rechazarlo. Si les pido que lo dejen a un lado no es tanto porque esa cosa espantosa sea fea, absurda e inútil, más bien porque esos atributos no son más que símbolos externos del veneno que lleva dentro. Échenle un vistazo y vean cómo ha sido creado y verán cómo la vanidad, la pena y la vergüenza han estado presentes desde el principio, ¡y todo esto por nimiedades que ningún hombre en realidad necesita!

Aprender a vivir sin algo: hay virtud en estas palabras, una fuerza que usada de forma adecuada ahogaría tanto la oferta como la demanda del trabajo mecánico, haría que se ajustara a su horma: el trabajo de máquinas.

Y después, de una vida simple surgiría el ansia de belleza, que todavía no puede estar muerta en el alma de los hombres. Nosotros sabemos que nada puede satisfacer esta demanda mejor que el trabajo inteligente elevándose de forma gradual al nivel del trabajo imaginativo, que de todos los «operarios» haría trabajadores, artistas, hombres.

Ahora bien, he intentado demostrarles cómo la prisa de la civilización moderna, junto a la tiránica organización del trabajo que era una necesidad para el total desarrollo del comercio competitivo, ha privado a toda la gente (sencilla y afable) de ojos para percibir y manos para forjar ese arte popular que una vez fue solaz y gozo del mundo. Les he pedido que no consideren esto una cuestión liviana, sino un grave contratiempo; les he rogado que luchen por poner remedio a este mal: primero, protegiendo con celo lo bello que queda en el mundo e intentando de todo corazón recuperar lo que se ha perdido y después, rechazando el lujo, le he rogado que, si pueden, se entreguen ustedes al arte o, si realmente en sus cortas vidas de verdad no pueden aprender qué significa el arte, que al menos vivan una vida sencilla y adecuada a los hombres.

Y en todo lo que he estado diciendo, a lo que realmente les he estado alentando es a esto: a reverenciar la vida del hombre en la tierra. Lo pasado, pasado está, todo fragmento que no perviva a nuestro alrededor. Que los muertos entierren a los muertos, mas prestemos atención a los vivos y, con un valor infinito y toda la esperanza posible, neguémonos a que en el futuro la tierra sea un lugar triste.

¿Qué esperanza o miedo nos aguardan por esto? Bien, recordemos aquellos días del pasado cuyo arte era tan digno y que, no obstante, olvidaron lo mucho que le debían a la vida del hombre en la tierra. De modo que, quizás para vengar este olvido, nos legaron este arte para que lo mutilásemos; a nosotros, cegados por la búsqueda ansiosa de unas cosas que nuestros antepasados habían desechado y de otras que parecían manifestarse a menudo ante nosotros, quizás para confundirnos.

Y de lo que nos cegaba, no todo era indigno; más aún, la mayor parte estaba muy enraizada en el alma del hombre y era parte necesaria de su vida en la tierra y todavía reclama nuestra veneración. Añadamos este conocimiento a nuestro otro conocimiento y las artes todavía tendrán futuro. Recordemos esto y, en medio de la sencillez de la vida, volvamos los ojos a la belleza real que todos pueden compartir y entonces, aunque los días empeoren y no quede resto alguno del arte antiguo del que aprender, puede que el nuevo arte surja a nuestro alrededor e, incluso si tiene las manos de un niño y el corazón de un hombre atribulado, puede que nos haga ansiar para épocas mejores los signos de nuestra reverencia por la vida del hombre en la tierra. Efectivamente nosotros, libres del cautiverio del hábito absurdo y el lujo entumecedor, quizás al fin tengamos ojos con los que ver y nos balbuceemos unos a otros muchas cosas sobre nuestro júbilo por la vida que nos rodea: las caras de la gente por la calle mostrando signos de alborozo, pena y esperanza y toda la historia de sus vidas; los que estuviésemos más ocupados nos encontraríamos con retazos de la naturaleza, pájaros, bestias y los mundos diminutos que habitan e, incluso, en la ciudad misma, el cielo encima nuestra y las nubes que se mueven surcándolo; la mano del viento en los finos árboles y su voz entre las ramas y todas las acciones de la naturaleza que se repiten hasta el infinito; el camino o el río que serpentean alrededor de nuestra casa no cesarían de contarnos historias de la campiña y de las acciones de los hombres en el campo y en el páramo alto. Y mientras, nos entregaríamos a cavilar sobre la época en que todas las acciones de la naturaleza causaban sorpresa al hombre, tan amadas por él que las llamaba con nombres humanos y les daba trabajos humanos para que los hiciera; y más de una vez nos asaltarían recuerdos de las hazañas del pasado y de las aspiraciones de aquellas gentes poderosas cuyas muertes y cuyas penas respectivamente han dado lugar a nuestras vidas y a nuestras alegrías.

¿Cómo hemos podido callarnos todo esto? ¿Y qué voz podría contarlo sino la voz del arte? ¿Y qué público nos satisfaría para una historia tal, sino todos los hombres que viven en la tierra?

Esto es lo que la arquitectura espera ser; tendrá esta vida o, si no, la muerte. Y ahora nos corresponde a nosotros, que vivimos entre el pasado y el futuro, decir si ha de vivir o de morir.

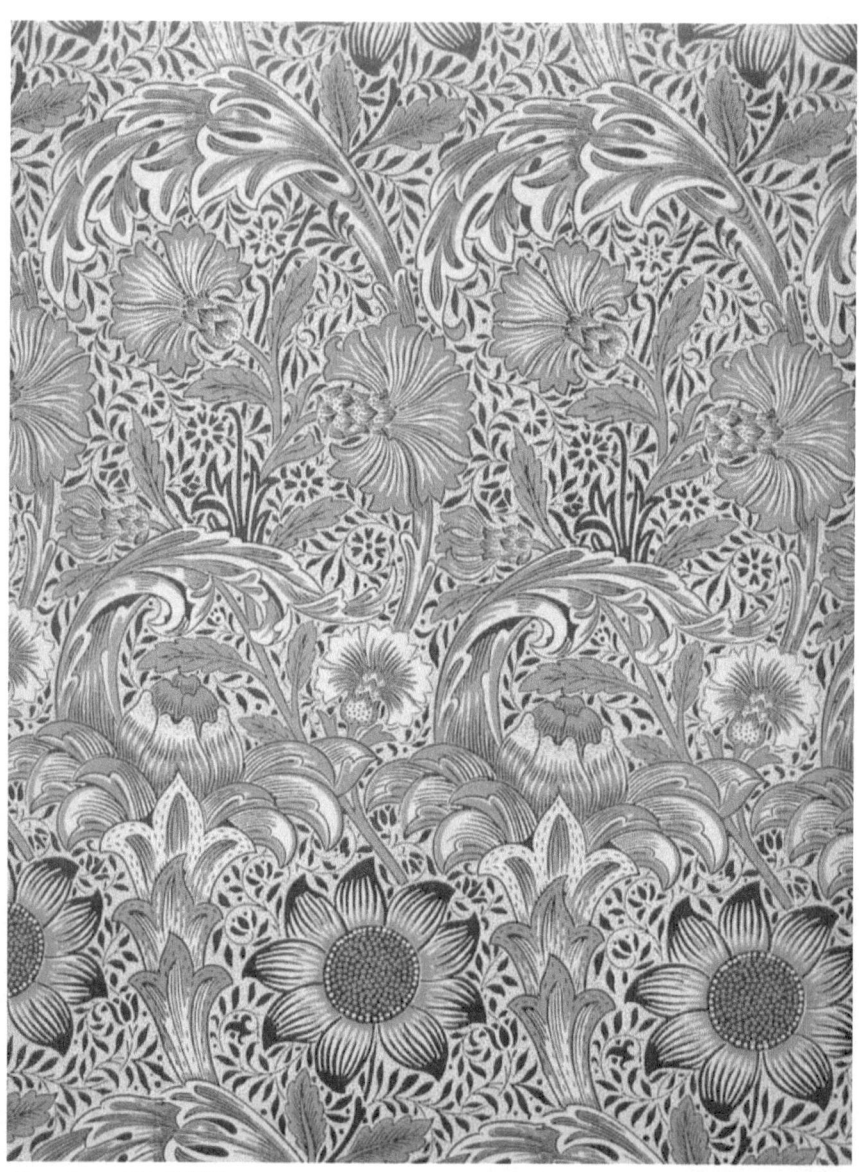
Strawberry Thief, 1883.

ARTE, OPULENCIA Y RIQUEZA (1883)*

Arte, opulencia y riqueza son las palabras que he escrito en el encabezamiento de este escrito. Alguno de ustedes puede pensar que las dos últimas palabras, opulencia y riqueza, son tautológicas, mas yo no puedo aceptarlo. En realidad no son sinónimos de verdad en ningún idioma, excepto en el caso de palabras tomadas de otra lengua, y en los inicios de nuestro propio idioma nadie habría pensado usar la palabra rico como sinónimo de opulento. Se habría entendido que

---

* Morris dictó esta conferencia a las Manchester Societies en su primera aparición pública después de haberse afiliado a la Democratic Federation y en ella manifestó públicamente por primera vez que era socialista. El título hace referencia muy claramente al segundo Ruskin y sus ideas sobre economía política, expuestas en su libro *Unto This Last* (1860), donde reflexionaba acerca de la noción de bienestar. Morris recoge el argumento y juega con la distinción conceptual entre la idea de la verdadera riqueza (*Wealth*) en el sentido literal de bienestar, y la riqueza entendida como acumulación de mercancías (*Riches*). En este texto como en los siguientes, el tema de Morris ya no es tanto el fenómeno de «la máquina» o de la producción industrial, sino el sistema económico al que aún llama, como en las dos conferencias anteriores, «comercialismo». Pero este aquí ya está concebido como «capitalismo», a saber, como guerra comercial basada en la competencia y orientada únicamente a la acumulación de beneficios. Con todo, el núcleo de la argumentación es la crítica de las diferencias de clase presentes en todos los ámbitos de la vida social y cotidiana. Por lo que respecta a la Teoría del Diseño, hay también una crítica a la idea de diseño como manifestación artística aplicada a la producción de cosas útiles. En un determinado momento, al hablar de las muchas diferencias de clase existentes en la sociedad de su época, Morris se burla de la idea de «mobiliario artístico». El modelo de referencia es ese tipo de mobiliario que el movimiento esteticista de la época estaba poniendo en boga y que recogió como estrategia productiva el movimiento de las Arts&Crafts. No cabe duda que las diferencias entre mobiliario artístico y mobiliario común constituyen una contradicción con la misma idea de diseño, siempre que el diseño tenga por objetivo ocuparse de todas las cosas de la cotidianidad para todo el mundo por igual, como por otra parte, rezaba el ideario de la producción en serie (n. de la intr.).

un hombre opulento era uno que tenía abundante sustento y un hombre rico uno que tenía gran dominio sobre sus semejantes. Alejandro Magno, Canuto el Rico, Alfredo el Rico: estas son palabras bastante conocidas en la primitiva literatura del Norte; el adjetivo apenas se habría usado excepto para un gran rey o jefe, un hombre preeminente por encima de otros reyes y jefes. Pues bien, sin ser un defensor a ultranza de la precisión etimológica, debo decir que creo que hay casos en los que las lenguas modernas han perdido fuerza al confundir dos palabras con un solo significado y que este es uno de ellos. Por consiguiente, debo pedirles permiso a ustedes para usar las palabras opulencia y riqueza más bien en el sentido en el que nuestros antepasados lo hacían y entender por opulencia los recursos para vivir una vida decente y por riqueza los recursos para ejercer dominio sobre otra gente. Así entendidas, en mi opinión las palabras son bien distintas pero con todo, si ustedes dicen que la diferencia no es sino de grado, no me queda más remedio que admitirlo, como ocurre entre el lobo y el perro del pastor: sus respectivas visiones del cordero sólo difieren en grado.

De todos modos, creo que la siguiente pregunta es importante: ¿a qué pertenecerá el arte, a la opulencia o a la riqueza? ¿A cuál servirá? ¿O, más bien, será esclavo de la riqueza o amigo y buen compañero de la opulencia? En efecto, si planteo el interrogante de otra forma y pregunto: ¿ha de limitarse el arte a una clase reducida que sólo se preocupa por él de forma muy lánguida o ha de ser solaz y placer de todo el mundo? Al final la pregunta se reduce a esto: ¿vamos a tener arte o una imitación de arte? Es muy probable que a muchos, e incluso a la mayoría de ustedes, les parezca que la pregunta carece de importancia práctica. A la mayoría de la gente la condición actual del arte básicamente le parece que es la única condición en la que podría existir entre gente culta y dicha gente está (de forma lánguida como he apuntado) satisfecha con sus metas y tendencias actuales. En lo que a mí respecta, estoy tan insatisfecho con las condiciones actuales del arte y la cuestión me parece tan seria que me veo obligado a intentar que otra gente comparta mi descontento y esta tarde me arriesgo a contravenir las buenas maneras al estar aquí antes ustedes, agravio en mano, en una ocasión como esta, cuando todos los presentes –estoy seguro– rebosan buena voluntad tanto para con las artes como para con la gente. Mi única excusa es creer en su sincero deseo de conocer cualquier opinión seria que se pueda adoptar ante una cuestión tan importante. Por tanto, diré que la pregunta que he planteado, si el arte ha de ser compañero de la opulencia o esclavo de la riqueza, es de gran sentido práctico en caso de que, en efecto, el arte sea importante para la raza humana, algo que supongo nadie aquí negará.

Ahora le pediré a quienes creen que el arte está en una condición normal y saludable que expliquen el sentido del entusiasmo (que me alegra saber es compartido por la gente de Manchester) mostrado en los últimos años mediante la fundación y ampliación de museos, gran parte de cuyos contenidos no son más que fragmentos de enseres domésticos de épocas pasadas. ¿Por qué gente culta, sobria y razonable, que no carece de un justo sentido del valor del dinero, dona grandes sumas por jirones de ropa decorada, obras de cerámica torpemente hechas, tallas carcomidas o piezas de metal estropeadas y los atesora en caros edificios públicos bajo la protección oficial de doctos expertos? Bien, todos sabemos que se supone que estas cosas nos enseñan algo, que son educativas. Los museos de nuestro entorno (como el de South Kensington) son claramente instituciones educativas. No es historia muerta lo que se supone que tienen que enseñarnos; estas cosas las estudian de forma cuidadosa y laboriosa hombres que intentan ganarse la vida con el arte del diseño. Pregúntenle a cualquier experto de cualquier corriente de opinión sobre arte qué piensa de la conveniencia de que estudien dichos restos de épocas pasadas aquellos que tienen que hacer diseños para adornar el arte industrial; seguro que les contestará que tal estudio resulta indispensable para un diseñador, así que vean ustedes a lo que se reduce esto. A un estudiante no se le envía a estudiar las mejores obras de nuestra propia época; ningún maestro o experto le podrá decir honestamente que eso le conviene, sino que se le envía a estudiar los restos simples de una época pretérita, a cosas que, cuando eran nuevas, podían comprarse en su mayor parte en todas las tiendas y mercados. Bien, ¿necesita uno preguntarse cuál será el aspecto que los restos de nuestro arte ornamental tendrán en un museo del siglo XXIV? La pura verdad es que las personas que han estudiado estas cuestiones saben que estos retazos del pasado son indicios de un arte que creaba bienes no sólo mejor de como nosotros lo hacemos ahora, sino de una clase diferente, y mejores porque son diferentes y se hacían de otra manera a como nosotros hacemos dichos bienes.

Antes de que preguntemos por qué eran mucho mejores y por qué difieren en clase y no sólo en nivel de calidad, quiero que adviertan una vez más, sobre todo, que eran mercancías comunes que se compraban y vendían en cualquier mercado. Quiero que adviertan que, a pesar de la tiranía y la violencia propia de la época en que fueron creadas, la belleza de la que eran partícipes rodeaba toda la vida; que entonces, en cualquier caso, el arte era compañero de la opulencia y no esclavo de la riqueza. Cierto es que, entonces como ahora, los ricos gastaban grandes sumas de dinero en adornos de todo tipo y, sin duda, la clase baja era miserablemente pobre, como lo es ahora. No obstante, el arte que los ricos conseguían sólo se diferenciaba del que otra gente podía obtener en la abundancia y el esplendor de su material. Lo que hay que recordar es que todo lo que hacía la mano del hombre entonces era más o menos hermoso.

Comparen esto con el estado del arte en la actualidad y digan luego si mi descortés insatisfacción no está algo justificada. Pues en vez de que sea hermoso todo lo que hace el hombre, casi todas las mercancías corrientes hechas por el hombre civilizado son feas de una forma pobre y pretenciosa; se hacen así (casi parece) con una intención perversa y no por accidente, si tenemos en cuenta cuán agradables y seductores resultan para la mente ingeniosa y la mano experta muchos de los procesos de la manufactura. Tomen como ejemplo el conocido arte del vidrio. He estado en una fábrica de vidrio y he visto que en su proceso de trabajo los trabajadores le dan al vidrio fundido las formas más elegantes y deliciosas. Había momentos de la fabricación en que, si la vasija que se estaba haciendo hubiera sido puesta a cocer directamente, el resultado habría podido rivalizar con las piezas más selectas de cristal veneciano, pero eso no era posible y, gracias al calibrador y a los moldes, se redujo la fantástica elegancia del metal vivo a la correspondiente forma fea y vulgar que resulta vendible, diseñada con toda certeza por un hombre que ni tenía idea de cómo se hace el vidrio ni le importaba saberlo. Esta experiencia resulta harto habitual en otras artes. Repito que todos los bienes que se manufacturan se dividen ahora en dos clases: una clase vulgar y fea, aunque a menudo bastante pretenciosa, con un trabajo que sería ridículo llamar ornamental, pero que probablemente aún conserva algunos míseros restos de la tradición. Esta es para los pobres, para los incultos. La otra clase, hecha para algunos ricos, pretende ser hermosa, está diseñada de forma elaborada y cuidada, pero usualmente no logra su objetivo, en parte porque está aislada de la tradición y en parte porque no existe cooperación alguna entre el artesano y el diseñador. De esta manera se hiere nuestra opulencia; nuestra opulencia, los recursos para vivir una vida decente, y nadie sale ganando puesto que, por un lado, la clase baja no tiene en su casa ninguna clase de arte y, en cambio, tiene que soportar imitaciones pobres y horribles que aniquilan por completo su capacidad para apreciar el arte verdadero cuando se topa con él en museos y galerías. Mientras, por otro lado, con todo el dinero que les sobra, los ricos no pueden comprar lo que dicen querer; el único arte verdadero que pueden adquirir es el que un genio aislado crea sin ayuda, la obra difícil y laboriosa de hombres de logros excepcionales y cultura especial que, molestos como se sienten ante una vida sin romanticismo y con un entorno espantoso, a pesar de todo consiguen, de cuando en cuando, sortear los obstáculos y crear obras de arte noble que sólo muy pocos pretenden entender o disfrutar. A veces este arte lo pueden comprar y poseer los ricos, mas lógicamente no abunda y, si hubiera diez veces más del que hay, repito, no conmovería a la gente ni una ápice, ya que el horror y la miseria que la rodea la ha vuelto insensible a todo arte. Tampoco puedo decir honradamente que la culpa sea del todo suya, pues los grandes artistas a los que he aludido son lo que son por ser hombres con dones muy peculiares y especiales y, por lo general, están empapados de conocimiento de historia y entregados a la contemplación de la belleza de épocas pasadas. Si no fueran así, sostengo, no serían capaces de crear belleza alguna, dados los obstáculos que encuentran en su camino. Pero fíjense ustedes en el resultado: la vida corriente los rechaza y los ignora, lo único que pueden hacer es dejar que siga su camino y dedicarse a soñar con Grecia e Italia. La época de Pericles y la época de Dante son las épocas con las que ellos se identifican y la Inglaterra de nuestra propia época (con sus millones de personas ilusionadas y luchadoras) ni les ayuda ni recibe su ayuda. Con todo, esperan que llegue el día en que resulten de utilidad y la época futura en que no se les olvide. Esperemos que así ocurra.

Esta es, sugiero, la condición del arte entre nosotros. Para que ustedes ni tengan duda ni crean que exagero, déjenme pedirles que se fijen en cómo le va al arte que más que ningún otro se basa en la cooperación, esto es, el arte de la arquitectura. Así pues, nadie mejor que yo sabe qué inmensa cantidad de talento y conocimiento poseen en la actualidad los principales diseñadores de edificios; por todo el país se ven aquí y allá los edificios que han diseñado y se disfruta de ellos. Con todo, de poco nos sirve esto en nuestra época cuando, si un hombre se va de Inglaterra unos años, al volver se encuentra con que a Londres se le ha añadido medio condado de ladrillos y de mezcla. ¿Pueden los más optimistas decir que la forma de construir ha mejorado en ese medio condado durante ese tiempo? ¿No es acaso cierto, por el contrario, que va cada vez peor, si es que ello es posible? La última casa construida es siempre la más fea y la más vulgar, hasta que uno empieza a pensar ahora con lástima en los días de la calle Gower y a ver con cierta complacencia las extrañas cajitas de ladrillo marrón y elegantes jardines que se ahogan en medio de nuevas plazas e hileras de casas en los barrios de Londres. Resulta incuestionable que casi toda casa nueva será escandalosa y degradantemente fea y si, por casualidad, nos topamos con una casa nueva que en su diseño y planificación muestra algún signo de clarividencia, nos sorprendemos y queremos saber quién la construyó, quién es el dueño, quién la diseñó y todo lo demás de comienzo a fin, mientras que, cuando la arquitectura gozaba de vida, toda casa que se construía era más o menos hermosa. Gracias a un mayor conocimiento, hace tiempo que se rechazó la expresión que denominaba «arquitectura eclesiástica» a los estilos de la Edad Media y ahora sabemos que en aquella época la casa de campo y la catedral se construían con un mismo estilo y tenían el mismo tipo de adornos; el tamaño y en algunos casos los materiales eran lo único que diferenciaba a la construcción modesta de la majestuosa. Y hasta que este tipo de belleza no reaparezca en nuestras ciudades no habrá una verdadera escuela de arquitectura, hasta que todas las pequeñas tiendas de velas de nuestros barrios y todas las naves construidas por pura conveniencia se construyan sin esfuerzo alguno hermosas a la par que adecuadas a su función. Así pues, piensen cómo contrasta eso con la forma en que ahora se hacen nuestras casas. No resulta fácil imaginar la belleza de una ciudad cuyas casas sean todas bellas, a menos que se haya visto (digamos) Rouen u Oxford hace treinta años. ¡Mas cuán extraño debe ser el estado en el que se encuentra el arte cuando no podemos o no queremos preocuparnos de hacer casas adecuadas en las que vivan seres humanos sensatos! No podemos, supongo, pues de nuevo –salvo en los casos más extraños– las casas de los ricos no son mejores que las de la gente corriente. Les ruego me perdonen si pongo un ejemplo de ello: recientemente he visto Bournemouth, el balneario al suroeste de New Forest. Es un distrito (no llega a ciudad) de casas de ricos. Se daban allí todos los condicionantes para hacerlas dignas, ya que el lugar, con sus pinos y colinas arenosas, ofrecía un marco extraordinario. No habría supuesto mucho esfuerzo haberle dado un toque romántico. Bien, allí están estas casas de ricos entre pinos y jardines y ni siquiera los pinos y los jardines pueden hacerlas tolerables. Son sencillamente (perdonen que use la palabra) canallescas y, mientras les hablo, se siguen construyendo kilómetros de ellas.

¿Por qué no podemos corregir todo esto ahora? ¿Por qué no podemos tener, por ejemplo, viviendas sencillas y hermosas adecuadas a hombres y mujeres cultos y bien educados y no adecuadas a máquinas de engullir ostentosas e ignorantes? Puede que ustedes digan que porque no las deseamos y en verdad eso es cierto, pero ello no hace sino postergar la cuestión algo más y debemos preguntarnos: ¿por qué no nos importa el arte? ¿Por qué la sociedad civilizada ha degenerado en todo lo que respecta a la belleza del trabajo humano desde los tiempos de la bárbara, supersticiosa y cruenta Edad Media? Esta en verdad una pregunta crucial que formular, pues incluye preguntas aún más cruciales cuya sola mención podría ofenderles si me viera obligado a planteárlas.

He dicho que las reliquias del arte del pasado que debemos estudiar hoy día son obras que no sólo eran mejores que las que hacemos ahora, sino que eran de otro tipo. Esta diferencia explica nuestras limitaciones hasta ahora y nos deja con una sola pregunta que plantear: ¿cómo vamos a corregir este defecto? El tipo de obra de épocas anteriores hasta al menos la época del Renacimiento era un trabajo inteligente, mientras que el nuestro es un trabajo poco inteligente o un trabajo de esclavos. Seguramente esto basta para explicar el deterioro del arte, pues implica que el arte popular desaparezca de la civilización. El arte popular, es decir, el arte que se hace mediante la cooperación de muchas mentes y manos de diversa clase y nivel de talento, cumpliendo todas su cometido, subordinadas a un todo mayor sin que nadie pierda su individualidad, la pérdida de un arte tal es indudablemente enorme, aún más, inestimable. Pero hasta ahora sólo he dicho que la falta de arte popular es una pérdida dolorosa dentro de la opulencia. He considerado la pérdida de la cosa en sí misma, la pérdida de la influencia humanizadora que la visión diaria de una obra hermosa posee en la gente, mas ahora, cuando estamos considerando cómo se hizo una obra y cómo se hace ahora, la cuestión se vuelve aún más crucial. Pues afirmo sin titubeo que el trabajo inteligente que creó arte de verdad era agradable de hacer, era un trabajo humano, no excesivamente pesado o degradante, mientras que el trabajo poco inteligente que crea arte falso es molesto de hacer, es un trabajo inhumano, pesado y degradante, por ello no es sino correcto y adecuado que no produzca más que cosas feas. Y la causa inmediata de este trabajo degradante que oprime a una parte tan grande de nuestra gente es el sistema de la organización del trabajo, que es el principal instrumento del enorme poder de la Europa moderna: el comercio competitivo. Este sistema ha cambiado bastante la forma de hacer todo lo que puede considerarse arte y es un cambio mucho mayor de lo que la gente sabe o piensa. En épocas pasadas, estos trabajos artesanales los hacían a pequeña escala (casi doméstica) grupos de trabajadores que pertenecían en su mayoría a gremios organizados y a los que se les enseñaba su trabajo de forma sólida, por muy limitada que su educación fuera en otros sentidos. Había entre ellos poca división del trabajo, los peldaños entre patrón y peón no eran muchos; un hombre conocía su trabajo de un extremo a otro y se sentía responsable de todas las etapas de su progreso. Tal trabajo era forzosamente lento de hacer y caro de comprar y no estaba siempre totalmente acabado, mas era siempre un trabajo inteligente, siempre estaba presente la mente del hombre, así como numerosos indicios de esperanzas y temores humanos, la suma de los cuales conforma nuestras vidas.

Ahora piensen ustedes en cualquier tipo de artesano al que conozcan y adviertan cómo hoy se trabaja de forma diferente; ciertamente a los trabajadores se les reúne en fábricas enormes en las que el trabajo se divide y subdivide hasta que el trabajador se siente totalmente desvalido en su oficio si no encuentra por encima suya a quienes nutren su trabajo y, por debajo, a quienes se nutren de este. Hay una jerarquía habitual de jefes por encima suya: capataz, gerente, oficinista y capitalista, cada uno de los cuales posee más importancia que quien hace el trabajo. No sólo no se le pide que imprima su individualidad en su parcela de trabajo, sino que no se le permite. No es más que parte de una máquina y no tiene sino una serie invariable de tareas que realizar. Una vez que las haya aprendido, cuanto mayor sea la regularidad y menor la reflexión con las que las realice, mayor será su valía. El trabajo que resulta de este sistema es rápido y barato. No es extraño, teniendo en cuenta la maravillosa perfección de la organización del trabajo que lo genera y la energía con la que se lleva a cabo. Además, posee un acabado de cierta altura y lo que yo denominaría un aspecto de mostrador, muy propio de las mercancías de este siglo; pero por fuerza es muy poco inteligente y no ofrece ningún indicio de humanidad, ni siquiera para mostrar cansancio en ningún momento, lo cual implicaría que una parte resultó más agradable de hacer que otra. Cualquiera que sea su arte o su apariencia de arte le ha sido otorgado con la debida visión comercial y lo ha impuesto una máquina (humana o de otro tipo) con el mismo interés con que se hicieron las partes del trabajo que no eran artísticas. De nuevo afirmo que, si tal trabajo no resultara sino feo y desagradable a la vista, sería un escándalo para el sentido de la justicia, pues el trabajo que se invirtió para hacerlo fue ingrato y desagradable, era básicamente oprimir al trabajador.

¿Debe durar para siempre esta clase de trabajo? Mientras dure las masas no pueden participar del arte; los únicos artesanos que son libres son los artistas, como hoy los llamamos, y hasta ellos se ven obstaculizados y oprimidos por la opresión de sus compañeros. Con todo, sé que este trabajo basado en las máquinas resulta necesario para el comercio competitivo, es decir, para la estructura actual de la sociedad y probablemente la mayoría de ustedes crea que especular con un cambio total al respecto no es más que soñar en vano. No puedo evitarlo, sólo puedo decir que el cambio debe sobrevenir (o al menos debe estar en camino) para que se pueda conseguir que el arte conmueva a las masas. A algunos puede que esto les parezca un asunto sin importancia. Es de esperar generosamente que dichas personas padezcan ceguera ante el arte (lo cual supongo no debe ser nada infrecuente) y que el estar ciegos les impida comprender lo que he estado diciendo sobre el placer que un buen artesano siente por su oficio. Mas todos los que saben lo que el arte significa estarán de acuerdo conmigo en afirmar que el placer es un compañero necesario a la hora de hacer todo lo que pueda ser considerado una obra de arte. A estos apelo, por tanto, y les pido que tengan en cuenta si es justo y correcto que sólo unos cuantos de entre millones de seres civilizados sean partícipes de un placer que es el más seguro y el más constante de todos los placeres, el consuelo infalible de la desgracia: un trabajo feliz y honrado. Enfrentémonos a la verdad y admitamos que una sociedad que a la mayoría de sus trabajadores no le permite placer humano y no degradante alguno, salvo el placer que deriva del descanso tras sufrir con el trabajo agotador, que una sociedad tal no podría llegar a ser estable, que no es sino natural que una sociedad tal sea un laberinto de corrupción y esté enferma de crímenes sórdidos y reiterados.

De todos modos, soñemos o no con la probabilidad de un tipo de vida mejor que incluya un reparto equitativo del arte entre la mayoría de la gente, no es un sueño sino una certeza que el cambio se está produciendo a nuestro alrededor, aunque adónde nos lleva dicho cambio pueda ser objeto de disputa. La mayoría de la gente, supongo, tenderá a pensar que todo suele favorecer el desarrollo completo del comercio competitivo y la perfección absoluta del sistema de trabajo del que depende. Creo que eso es bastante probable y que las cosas se acelerarán hasta que se alcance la perfección total de la guerra comercial ciega, ¿y entonces? ¡Ojalá que el cambio sobrevenga con el mínimo de violencia y sufrimiento posible!

Es responsabilidad de todos hacer lo máximo que podamos para preparar el cambio y aliviar así su impacto, lograr que lo que se ha de destruir con rapidez y violencia de alguna clase sea lo menos posible. No podemos realizar tarea más útil para prevenir el destrozo de la revolución, me parece, que sumarnos a ella de antemano, intentando llenar el espacio que separa a una clase de otra. Sin duda, he aquí un punto en el cual el comercio competitivo ha frustrado nuestras esperanzas; ha mostrado bastante disposición para atacar los privilegios del feudalismo y bastante fortuna al hacerlo, pero al igualar las distinciones entre la clase alta y la media, entre el caballero y el plebeyo, se ha detenido como si ya se hubiera hecho bastante, pues, ¡ay!, la mayoría de los hombres se sentirá bastante satisfecha con mantener su posición y cogerse luego fuertemente de la mano. Pero presten atención a lo que puede suponer que nos detengamos aquí. Me parece más que dudoso –si no seguimos adelante– que haya merecido la pena llegar hasta aquí, dado el sistema feudal y jerárquico bajo el que vivían los antiguos hermanos de gremio cuyo trabajo he estado alabando y que, indudablemente, tenía que ver con la inteligencia y la entereza de su trabajo. Este sistema, si bien dividía a los hombres en castas de forma rigurosa, no se ocupaba de degradarlos imponiéndoles violentos contrastes de cultura y de ignorancia. La diferencia entre señor y plebeyo, entre noble y ciudadano, era meramente arbitraria, ¿mas cómo resulta ahora la disparidad de clases? ¿No es un hecho triste que la diferencia ya no es arbitraria sino real? Hasta una cierta clase –la del denominado caballero educado– hay, en efecto, igualdad en el porte y los modales y si los plebeyos aún prefieren mostrarse humildes y hacer de lacayos es asunto suyo, mas por debajo de esa clase existe (por así decirlo) un corte abrupto y el mundo se divide entre los caballeros y quienes no lo son.

Basta con que ustedes piensen en la trascendencia de un hecho: que aquí en Inglaterra en el siglo XIX, a pesar de todos los gritos a favor del progreso que se han lanzado durante años, la inmensa mayoría de la gente está condenada por nacimiento a escribir mal las haches, por lo que se hablan dos lenguas en Inglaterra: el inglés del caballero y el inglés del trabajador. Me da igual quien lo niegue, sostengo que esto es bárbaro y peligroso y que se corresponde a la perfección con la falta de arte a la que se condena a esta misma clase. Es una muestra, en resumen, de esa vulgaridad (palabra odiosa) que no existía antes de la época moderna y de que floreciera el comercio competitivo.

Por otra parte, tampoco la moderna división de clases dista mucho del sistema de castas de la Edad Media, básicamente resulta igual de excluyente. Permítanme un ejemplo: el otro día estaba hablando con una amiga mía algo perpleja sobre qué hacer con su hijo adolescente y comentamos la posibilidad de que se decantara por uno de los oficios (empleos, como ahora decimos), digamos la ebanistería. Pues bien, ninguno de los dos teníamos muchos prejuicios sociales, a ambos nos causaba gran pavor el aumento del ejército de oficinistas de Londres. Así, nos vimos obligados a admitir que, a no ser que el muchacho tuviera un carácter fuerte y pudiera tomar la decisión con los ojos bien abiertos y aceptar las consecuencias por sí mismo, no podría llevarse a cabo. Sería hacer de él una especie de principiante descuidado o mártir involuntario de la causa. A la vista de esto, parece que ni siquiera hemos conseguido librarnos de la superstición medieval basada –supongo yo– en la exclusividad del concepto romano de la propiedad (nuestros antepasados góticos se libraron por completo de estas tonterías), en virtud del cual el trabajo manual es una ocupación degradante. A primera vista, la cosa parece tan monstruosa que uno casi espera despertar de un sueño confuso y verse en el reino de Enrique VIII[1] con toda la parafernalia en pleno, del derecho divino de los reyes para abajo. ¿Por qué debe un carpintero ser peor caballero que un abogado? Su oficio es mucho más útil, mucho más difícil de aprender y, en las peores circunstancias, mucho más agradable, incluso en estos días. A pesar de todo, como ven, nosotros, damas y caballeros, no nos atrevemos a que nuestros hijos se dediquen a ello, a menos que nos parezcan entusiastas o filósofos que pueden aceptar todas las consecuencias y despreciar la opinión del mundo, en cuyo caso estarán condenados a asumir ese terrible adjetivo: excéntrico.

Bueno, he pensado que podríamos deducir algo de esta locura de una superstición de épocas pretéritas que, en parte, era un vestigio de la infausta tiranía de la Roma antigua, pero hay otro lado de la cuestión que ofrece un perfil algo distinto. Me acuerdo de que, entre

---

1. Monarca de la dinastía Tudor responsable de la reforma de la iglesia. Ocupó el trono entre 1509 y 1547 (n. del t.).

otras cosas, la dama me dijo: «sabe usted, no me importaría que un muchacho fuera ebanista con tal de que hiciera muebles "artísticos."» Pues bien, ya ven ustedes, ella naturalmente reconoció, desde luego, lo que esta tarde yo les he dicho que es un hecho: que incluso en un oficio tan íntimamente ligado a las bellas artes como la ebanistería podría haber dos clases de objetos, una común sin arte alguno y otra excepcional y con un poco de arte artificial pegado, por así decirlo. Pero además, su razonamiento ahondaba bastante en la cuestión y alude mucho a nuestro tema dado que, de hecho, estos oficios resultan tan mecánicos del modo en que ahora se llevan a cabo que no ejercitan la facultad intelectual del hombre. No, apenas lo hacen y, quizás después de todo, en días como estos en los que el privilegio social yace en su lecho de muerte, esto tenga algo que ver con la baja estima en que se les tiene. Verán, supongamos por ejemplo que un joven se hace ebanista (uno de los oficios menos mecánicos, incluso hoy día). Cuando su poder esté por encima de la media, su próxima ambición será mejorar su posición, como suele decirse, esto es, bien buscar otra ocupación que se considere más digna o bien convertirse no en maestro ebanista, sino en capitalista patrón de ebanistas. De esta forma los oficios pierden a sus mejores hombres porque su excelencia no se ve debidamente recompensada. No se puede pasar de un límite y dicho límite es bastante difícil de alcanzar. Entiéndanme, por recompensa no sólo me refiero a los salarios sino a posición social, ocio y, sobre todo, al amor propio que surge cuando se nos da la oportunidad de hacer un trabajo extraordinario e individual que a nuestros semejantes les resulte útil y a nosotros grato de hacer, un trabajo que cuanto menos merezca un agradecimiento, lo reciba o no. Ahora bien, de sobras sé que cuando la gente habla en público suele hablar mucho acerca de la dignidad del trabajo y de la estima en que tiene a la clase trabajadora y supongo que cree lo que dice cuando habla. ¿Mas su respeto por la dignidad del trabajo pasaría la prueba a la que he aludido? A saber, ¿siendo de clase alta o media encaminará a sus hijos a este tipo de trabajo o podrá siquiera hacerlo? ¿Creen que al hacerlo les dará a sus hijos un buen porvenir en la vida? No cuesta responder a esta pregunta y repito que considero que es una pregunta crucial. Por tanto, afirmo que los oficios están identificados de forma indeleble con la clase baja y que esta estupidez es en parte un residuo de los prejuicios de la sociedad jerárquica de la Edad Media; aunque también es en parte resultado de la búsqueda temeraria de riqueza, que es la máxima aspiración del comercio competitivo. Además, esta es la peor parte de la locura, pues la mera superstición desaparecería por sí sola –y no con lentitud– ante el progreso político y social, pero la situación que fomenta el comercio competitivo es más duradera, ya que resulta mucho más real. Los oficios están harto degradados y, si las clases que los conforman conservan su buen talante, es sólo debido a la buena fe y al buen juicio innato de los trabajadores cuando están de descanso y a sus fuertes tendencias políticas, que combaten el comercio competitivo de forma consciente o inconsciente y en las que –espero– se puede confiar para que lo aniquilen lentamente. Mientras tanto, creo que esta degradación de la artesanía resulta necesaria para el progreso y perfeccionamiento del comercio competitivo: la degradación de la artesanía o, en otras palabras, la extinción del arte. Esta es una acusación dura que lanzar contra un sistema ante el que –aunque ustedes me tomen por loco– me he de declarar en total rebeldía; en contra, lo reconozco, del poder más descomunal que el mundo jamás ha conocido. Descomunal en verdad, mas principalmente orientado a destruir y, por ello, creo que efímero, ya que todo lo que es destructivo contiene el germen de su propia destrucción.

Y ahora, antes de terminar, querría volver a mis tres primeras palabras: arte, opulencia y riqueza. Puedo imaginarme que mucha gente me dirá: usted se declara en rebeldía contra el sistema que genera la opulencia del mundo. Esto es exactamente lo que niego; de lo que acuso al comercio competitivo es de destruir opulencia. Afirmo que la opulencia, o los recursos materiales para vivir una vida decente, se generan a pesar de ese sistema, no gracias a él. En mi opinión, la verdadera opulencia es de dos tipos: el primero comida, vestimenta, refugio y similares, el segundo cuestiones de arte y de conocimiento, es decir, cosas buenas y necesarias para el cuerpo y cosas buenas y necesarias para la mente. De otras muchas cuestiones aparte de estas se ocupa el comercio competitivo, algunas directamente perjudiciales para la vida del hombre, algunas meros estorbos para su progreso honroso; si en gran parte desperdicia el primero de estos tipos, en igual medida destruye el segundo. Desperdicia el primero distribuyendo de forma injusta y desproporcionada la capacidad de alcanzar la opulencia (que llamaremos dinero para abreviar), animando a la gente a que multiplique su clase de forma temeraria y concentrando a la población en aglomeraciones descomunales para satisfacer su avaricia implacable y sin preocuparse lo más mínimo de su bienestar.

En cuanto al segundo tipo de opulencia, la opulencia mental, la destruye de muchas maneras, pero las dos que más atañen a nuestro tema de esta noche son estas: primero, la destrucción temeraria de la belleza natural de la tierra, que obliga a las grandes masas de la población –al menos en este país– a vivir en medio de una fealdad y una miseria tan repugnantes y asquerosas que no podríamos soportarlas si no nos hubieran acostumbrado a ello, es decir, si no hubiéramos recorrido ya un largo trecho en nuestro camino hacia la pérdida de algunas de las cualidades más elevadas y más felices que se le han otorgado al hombre. Mas la segunda manera mediante la cual el comercio competitivo destruye nuestra opulencia mental es aún peor: convirtiendo a casi todos los artesanos en máquinas, es decir, obligándolos a un trabajo que no resulta ni humano ni inteligente, un puro cansancio que ha de soportarse la mayor parte del día; así se priva a los hombres del triunfo y de la victoria que largas épocas de trabajo y pensamiento lograron frente a la naturaleza y la necesidad dura y severa: el placer y el triunfo del hombre en su trabajo diario.

Les digo que no es opulencia lo que nuestra civilización ha creado, sino riqueza, junto a su inseparable compañera, la pobreza, pues la riqueza no puede existir sin la pobreza o, en otras palabras, la esclavitud. Todos los hombres ricos deben tener a alguien que les haga el trabajo sucio, desde cobrar alquileres abusivos hasta cribar montañas de ceniza. Merced a la riqueza somos amos y esclavos en vez de compañeros de trabajo como deberíamos ser. Si el comercio competitivo crea opulencia, entonces Inglaterra seguramente debe ser el país más opulento del mundo, como supongo alguna gente cree y como de hecho es, ¿mas a qué pobreza se ve abocado este rico país? Por ejemplo, yo pertenezco a una pequeña sociedad inofensiva cuyo objetivo es conservar para la gente de ahora y la del futuro la opulencia de construcciones hermosas e históricas que Inglaterra aún posee y podría darles a ustedes una lista larga y funesta de las construcciones que Inglaterra, con toda su riqueza, no ha sido capaz de proteger de una u otra forma de avaricia comercial. «Es cuestión de dinero» se supone que es un argumento irrefutable en estos casos y, en efecto, por lo general comprobamos que si lo refutamos a nuestra respuesta se la lleva el viento. Porque hasta la fecha no hay en Inglaterra (creo que sólo en Inglaterra de entre los países civilizados) una ley que impida que un loco o un ignorante derribe una casa que decide llamar de su propiedad, aunque por su arte y su historia sea uno de los tesoros de la nación.

Por otra parte, ¿de cuántos acres de tierra comunal ha privado la riqueza al país, incluso en este siglo? Un tesoro insustituible e incalculable en estos días de abundantísima población. Sin embargo, ¿dónde está el hombre que se atreva a proponer una medida para restituirle a la ciudadanía sus derechos en este asunto? ¿Cuán a menudo, de nuevo, se ha permitido que, para provecho de unos cuantos, las compañías de ferrocarril privaran a la ciudadanía de hermosos tesoros que nunca podrán ser restituidos, siguiendo las máximas cobardes y anárquicas que siempre parecen apoyar quienes deberían salvaguardar dichos tesoros? Mas la riqueza sólo tiene entrañas para la propia riqueza. ¿O ustedes, de esta parte del país, qué han hecho con Lancashire? Parece que no tiene vida. Creo que ustedes deben haber sido realmente pobres para haberse visto obligados a enterrarlo. ¿No eran acaso riqueza los páramos marrones y las praderas, los arroyos cristalinos y los cielos soleados? La riqueza les ha hecho un hogar extraño. Algunos de ustedes, es cierto, pueden a veces huir de él a Gales, a Escocia, a Italia; algunos, pero muy pocos. Lo siento por ustedes y también por mí en esta cuestión, pues a orillas del Támesis estamos deshaciéndonos de la tierra tan rápido como podemos. La mayor parte de Middlesex, de Surrey y grandes extensiones de Essex y Kent yacen enterradas bajo montañas a causa de una locura absurda o una vileza repugnante y nadie tiene el valor de decir: «busquemos un remedio mientras aún nos quede algo de este tipo de riqueza».

O, por último, si todo esto puede parecerle a algunos de ustedes cuestiones menores cuando en realidad son penosamente graves, nadie puede tomarse a la ligera todas esas terribles historias que hemos oído últimamente sobre la vivienda de los pobres de Londres; por activa y por pasiva ningún país que permanezca impasible ante injusticias tales tiene derecho a ser llamado opulento. Aun así, ustedes saben muy bien que habrá de pasar mucho tiempo antes de que algún partido o algún gobierno tenga el valor de encarar la cuestión, aunque sea consciente de lo peligroso que resulta cerrar los ojos ante ella.

¿Y en qué consiste corregir estas injusticias? No deben ustedes insistirme mucho a este respecto. Creo que en estas cuestiones estoy en una minoría tal que me basta con encontrar aquí y allí a alguien que admita las injusticias, pues mi misión a este respecto consiste en propagar el descontento. No creo que esta sea una misión sin importancia, pues, al propagarse el descontento, se propaga a la vez el ansia de mejorar las cosas y el anhelo de mucha gente –cuando se vuelve fuerte y profundo– derrite la resistencia al cambio de forma segura, firme e inexplicable. Con su venia, mencionaré las cosas fundamentales que de verdad quiero que cambien, en caso de que hasta ahora no haya hablado lo suficientemente claro y para que no parezca que no vengo a ofrecerles más que destrucción, la destrucción de un sistema que según algunos ha sido hecho para siempre. Por consiguiente, quiero que todo el mundo sea educado según su capacidad, no según la cantidad de dinero que da la casualidad que sus padres tienen. Como resultado de estas dos cosas quiero poder hablar libremente con cualquiera de mis compatriotas en su propia lengua, con la seguridad de que podrá comprender mis pensamientos gracias a su capacidad innata. También quiero poder sentarme a la mesa con una persona de cualquier ocupación sin que nos separe una sensación de incomodidad o de frialdad. No quiero que nadie tenga más dinero que el salario del trabajo que haya hecho y, dado que estoy seguro de que quienes hacen el trabajo de mayor utilidad ni pedirán ni conseguirán los sueldos más elevados, creo que este cambio destruirá el culto del hombre al dinero, algo que todo el mundo considera degradante, aunque en realidad muy pocos pueden evitar compartirlo. Quiero que quienes realizan los trabajos duros en el mundo –marineros, mineros, labradores y similares– sean tratados con consideración y respeto, que se les pague en abundancia y que dispongan de mucho tiempo libre. Quiero que la ciencia moderna –que considero capaz de superar todas las dificultades materiales– pase de locuras tan absurdas como inventar colores de antraceno o cañones monstruosos a inventar máquinas que realicen las faenas repugnantes que destruyen el amor propio de los hombres que ahora las tienen que hacer a mano. Quiero que los propios artesanos (es decir, quienes hacen objetos) estén en una posición tal que puedan negarse a hacer objetos absurdos e inútiles o a hacer objetos feos y baratos que son el pilar del comercio competitivo y que, en realidad, son objetos de esclavos, fabricados por y para esclavos. Y para que los trabajadores lleguen a estar en dicha posición, quiero que se restrinja la división del trabajo a unos límites razonables y que se enseñe a los hombres a pensar en su trabajo y a disfrutarlo. También quiero que se restrinja el despilfarro del sistema de intermediarios para que se ponga a los trabajadores en contacto con la gente, que así aprenderá algo de su trabajo y podrá recompensarlos debidamente elogiando su excelencia.

Además, quiero que los trabajadores participen en proporción a su preparación y laboriosidad de las buenas rachas del negocio que ellos mantienen, del mismo modo que, de todas formas, han de compartir las malas rachas. Para este fin sería necesario que a quienes organizan su trabajo no se les pague más que la cantidad adecuada por su tarea y que se les escoja por su capacidad e inteligencia y no porque tengan la suerte de ser hijos de personas adineradas. También quiero que –y si los hombres vivieran en las condiciones que acabo de reivindicar, lo conseguiría– a estas islas que conforman la nación que amamos no se las trate más como un montón de ceniza o como un coto de caza, sino como el hermoso jardín verde del norte de Europa que a nadie se le permitiría ensuciar o estropear so pretexto alguno. En tales circunstancias ciertamente se cumpliría la última de mis necesidades, que paso a plantear ahora: quiero que todo trabajo de la mano del hombre sea hermoso, que en una escala ascendente precisa y honrosa vaya de enseres domésticos muy elementales a imponentes edificios públicos adornados con el arte de los mayores maestros de la expresión que nos proporcionen un verdadero renacer y el amanecer de una esperanza renovada.

Estos son los cimientos de mi utopía, una ciudad en la que la opulencia habrá conquistado a la riqueza y a la pobreza. Por muy descabelladas que ustedes consideren mis aspiraciones, de una cosa al menos sí estoy seguro: de que en lo sucesivo no se podrá buscar arte popular salvo en dicha utopía o al menos en ese sendero, una sendero que –en mi opinión– conduce a la paz y la civilización, igual que el sendero contrario conduce al malestar, la corrupción, la tiranía y la confusión. Con todo, puede que hayamos avanzado más de lo que mucha gente cree y, como quiera que sea, me anima algo comprobar que toda persona de buena voluntad en cuestiones sociales ayuda a la pequeña minoría a la que pertenezco. Toda persona que promueve la educación nos ayuda, pues la educación (que tan insignificante parece a las clases que la han disfrutado durante generaciones), cuando le llega a quienes sufren injusticias que no deberían soportar, propaga entre ellos un fuerte descontento y les enseña qué hacer para que ese descontento resulte provechoso. Toda persona que lucha por erradicar la pobreza nos ayuda, pues una de las causas principales de la escasez de arte popular y de la opresión del trabajo monótono es la necesidad que la civilización moderna impone de que se produzcan objetos sombríos para gente sombría, para los esclavos del comercio competitivo. Toda persona que reivindica los derechos públicos frente a la codicia privada nos ayuda; cada varapalo que se les da a los ladrones comunes, a los ignorantes del ferrocarril o a quienes molestan con humo es una victoria para nosotros. Toda persona que intenta mantener vivas tradiciones artísticas coleccionando reliquias del arte de antaño, sobre todo si tiene la suerte de lograr con su ejemplo que la gente vea más allá del humo y la miseria de Manchester y aprecie los hermosos paisajes de naturaleza impoluta o las hazañas históricas del pasado, nos ayuda. Toda persona que intenta sortear la diferencia de clases ayudando a abrir museos, galerías, jardines y otros placeres que todos puedan compartir nos ayuda. Toda persona que intenta despertar la inteligencia de los trabajadores hacia su trabajo y, muy especialmente, toda persona que les proporciona esperanza en su trabajo y sentido del amor propio y de la responsabilidad ante la gente mediante sociedades industriales y similares ayuda a la causa por completo.

Estos y otros como estos son quienes nos ayudan y nos proporcionan una cierta esperanza de que quizás llegue el día en que nuestras ideas y aspiraciones ya no sean consideradas rebeldes y en que el comercio competitivo yaga en la misma tumba que la esclavitud, que la servidumbre y que el feudalismo. Mas bien, el cambio ciertamente sobrevendrá, aunque sea mucho después de nuestra muerte. ¿Cómo podemos entonces impedir que, al sobrevenir con una violencia e iniquidad que a su vez engendrarán otras injusticias, sea acogido con renovado descontento? De nuevo, ¡cuán bueno sería destruir todo lo que hay que destruir de forma gradual y con buen talante!

Aquí en Inglaterra tenemos un hogar hermoso repleto de muchas cosas buenas, pero también cargado de basura pestilente. ¿Qué tarea puede ser más apremiante que sacar la basura poco a poco y quemarla fuera para evitar que un día la única forma de librarnos de ella sea quemarla dentro con los bienes, con la casa y con todo?

LA ARQUITECTURA Y LA HISTORIA (1884)*

Nosotros, al menos los de esta Sociedad, conocemos la belleza de la superficie gastada y erosionada de una construcción antigua y todos nosotros hemos sentido el dolor de ver desaparecer esta superficie a manos de un «restaurador» pero, aunque todos sentimos esto profundamente, puede que a algunos nos cueste explicarle al mundo exterior el valor real de esta superficie antigua. No es sólo que sea pintoresca y hermosa en sí misma, aunque eso ya es mucho. Tampoco es sólo que haya una emoción adherida al aspecto que los constructores originales le dieron a su trabajo, apenas conscientes mientras tanto de que muchas generaciones iban a observarlo con atención. Es sólo parte de su valor el que las piedras sean consideradas, según las hermosas palabras del Sr. Ruskin refiriéndose a alguna construcción histórica francesa ahora probablemente convertida en un modelo académico de sí misma, el que sean consideradas «las mismas piedras que los ojos de San Luis vieron elevarse de su sitio.» Dicha emoción es mucho, mas no lo es todo. Mejor dicho, no es sino parte del valor especial sobre el que hoy deseo llamar su atención, un valor que en pocas palabras consiste en que la superficie intacta de la arquitectura

---

* Conferencia en la Society of Arts ante la reunión anual de la Society for the Protection of Ancient Buildings. Como se apuntaba en relación al manifiesto de la asociación, el objeto de esta conferencia, pronunciada en una de las reuniones periódicas de la Society for the Protection of Ancient Buildings, es explicar por qué Morris rechazaba la idea y la práctica de restaurar edificios antiguos. Las razones eran varias, unas de carácter estructural –cómo se trabaja en cada época histórica–; otras de carácter estético –¿qué sentido tiene simular la antigüedad?–; otras de carácter histórico –al restaurarlos, los edificios pierden su carácter de documento histórico, de ser un edificio vivido y usado a lo largo de todas las épocas (n. de la intr.).

antigua es testigo del desarrollo de las ideas del hombre, de la continuidad de la historia y, de este modo, proporciona instrucción incesante, mejor dicho, educación, a generaciones sucesivas, no sólo diciéndonos cuáles eran las aspiraciones de hombres que desaparecieron, sino también qué podemos esperar del futuro.

Todos ustedes saben que en estos últimos días la historia se rige por un espíritu diferente del que solía creerse bastaba para que le interesara a los hombres inteligentes. Hubo un tiempo –y no hace mucho– en que el ensayista astuto (en vez del historiador) creaba su historia rodeado de libros cuyo valor sopesaba más por hasta qué punto se ajustaban a un nivel arbitrario de excelencia literaria que por indicios de que pudieran llegar a proporcionar algún destello del pasado. De esta forma, al aplicárseles el método histórico, dichos libros no podían aportar las cantidades ingentes de conocimiento sobre historia que de verdad poseían. Es cierto que en la mayoría de los casos estos libros se escribían por lo general con propósitos que no eran los de proporcionar mera información a quienes vinieran después. En su vertiente más honesta, estos escritores se veían obligados a mirar la vida con las lentes que les había impuesto la moral convencional de su propia época. En su vertiente más deshonesta, eran serviles aduladores a sueldo del poder de entonces. No obstante, aunque el arte de mentir ha sido siempre asiduamente cultivado en el mundo –y en especial por quienes viven del trabajo de otros–, es un arte en el que poca gente roza la perfección y el hombre honesto, haciendo uso de la suficiente diligencia, puede por lo general lograr ver a través del velo de la sofistería la vida auténtica que existe en esos documentos escritos del pasado. Mejor dicho, las propias mentiras, que en su mayor parte son de condición áspera y simple, a menudo se pueden disolver y derivar –por así decirlo– en fundamento histórico, en testimonio negativo de acontecimientos.

Pero los historiadores académicos de los que he hablado no eran los adecuados para la tarea, eran víctimas de una maldición de falta de honradez total, aunque inconsciente. El panorama de la historia que presentaban era irreal, según ellos no había más que dos períodos de orden continuo, de vida organizada: uno era el período de la historia clásica griega y romana, la época desde el desarrollo de la retrospección a ese período hasta sus propios días era el otro. Según

La arquitectura y la historia

ellos todo lo demás era pura confusión accidental, tribus y clanes extraños con los que no tenían relación y que se empujaban los unos a los otros con igual propósito que una manada de bisontes. Todos esos miles de años desprovistos de creación, cargados sólo de meras dificultades y al margen de eso, como he dicho, dos períodos de perfección que sobresalen perfectamente dotados cual Palas del cerebro de Zeus. Un concepto extraño, en verdad, de la historia de los «hombres famosos y los padres que nos engendraron», mas uno que no podía resistir mucho tiempo ante el desarrollo natural del conocimiento y la sociedad. Las brumas de la pedantería se esfumaron lentamente y mostraron un panorama diferente: un orden rudimentario en las épocas más remotas que variaba mucho en diferentes razas y países, mas siempre dominado por las mismas leyes, avanzando siempre adelante hacia algo que parece justo lo contrario del punto de partida y, aun así, el orden anterior no ha muerto del todo, sino que vive en el nuevo y lo moldea lentamente en una recreación de su antiguo ser. No resulta difícil apreciar cuán distinto ha de ser el espíritu que ha de crear una concepción tal de la historia. No más burlas superficiales de los fracasos y las insensateces del pasado desde la perspectiva de la supuesta civilización, sino una profunda simpatía por sus objetivos semiconscientes desde las dificultades y los defectos de los que hoy sólo somos tristemente conscientes, ese es el nuevo espíritu de la historia; me gustaría creer de buen grado que el conocimiento nos ha proporcionado humildad y la humildad esperanza en esa perfección de la que hasta ahora obviamente andamos tan escasos.

Pues bien, en lo que respecta a los instrumentos de este conocimiento de la Historia, ¿acaso no eran dos fundamentalmente: el estudio del lenguaje y el estudio de la arqueología? Es decir, de la expresión de las ideas humanas por medio del habla y por medio de la artesanía, en otras palabras, el historial de los actos creativos del hombre. Del primero de estos instrumentos, aunque me interesa mucho, sobre todo cuando al inclinarse por la mitología comparada proclama con tanta claridad la unidad del género humano, de este carezco de conocimiento para hablar aunque tuviera tiempo; del segundo, la arqueología, pienso hablar ya que, por encima de todo, la función de nuestra Sociedad es preservar ante los ojos de la gente su importancia como instrumento para el estudio de la historia, la cual, en verdad, nos lleva a solucionar todos los problemas sociales y políticos que preocupan a los hombres.

Me inclino aún más a hablar de este tema porque, a pesar del ascendiente que el nuevo espíritu de la historia posee en las mentes cultas, no debemos olvidar que muchas mentes son incultas y que sobre ellas el espíritu pedante todavía ejerce gran influencia; y entiendan ustedes que cuando hablo de mentes incultas no estoy pensando en la clase baja, como de forma cortés pero demasiado directa la llamamos, sino en muchos de quienes ocupan puestos de responsabilidad y son especialmente responsables de la custodia de nuestras construcciones antiguas. De hecho, puedo entender que alguien me plantee la objeción de que el enfoque medio ignorante, el medio pedante y el completamente pedante de ocuparse de una construcción antigua también son históricos y admito cierta lógica en esta objeción, ¡ay, la destrucción es una de las formas de crecimiento! En efecto, esos historiadores pedantes de los que he hablado también forman parte de la historia y es una pregunta interesante –en la que no puedo detenerme ahora– saber hasta qué punto su pedantería destructiva fue una señal de fuerza comparada con nuestra investigación razonable y nuestra timidez; digo que no puedo detenerme en esta pregunta, aunque creo que llevaría a conclusiones que sorprenderían a alguna gente y, por tanto, me doy por satisfecho diciendo que si la estrechez, la vulgaridad mental (no conozco otra palabra) que se encarga de nuestras construcciones antiguas como si el arte no tuviera pasado y no fuera a tener futuro fuera un desarrollo histórico (y yo no lo niego), también lo es entonces el espíritu que nos conmina a resistir esa vulgaridad –«para esto fui entre los demás encomendado.»

Ahora bien, estoy seguro de que, como miembros de nuestra Sociedad, ustedes me siguen hasta ahora; no pueden dudar que de una u otra forma la superficie de una construcción antigua, es decir, el *tratamiento* de la artesanía antigua, resulta de lo más valioso y digno de conservar y estoy seguro también de que todos sentimos de forma instintiva que no se puede reproducir en la actualidad, que intentar reproducirlo no sólo nos priva de un monumento histórico, sino también de una obra de arte. En la siguiente parte voy a intentar mostrarles que la imposibilidad de esta reproducción no es accidental, sino inherente a

La arquitectura y la historia

las condiciones de vida en la actualidad, que es resultado de toda la historia del pasado y no del gusto o la moda pasajeros de una época y que, por consiguiente, ningún hombre y ningún grupo de hombres –por mucho que sepan sobre arte antiguo, por mucha habilidad para el diseño o amor al arte que posean– pueden persuadir, sobornar u obligar a los trabajadores de hoy día a hacer su trabajo igual que los trabajadores del rey Eduardo I[1] hacían el suyo. Despierten a Teodorico el Godo de su sueño de siglos y pónganlo en el trono de Italia, conviertan nuestra moderna Cámara de los Comunes en el Witenagemote (o sala de los hombres *sabios*) del rey Alfredo el Grande; no es una hazaña menor la restauración de una construcción antigua.

Ahora bien, para mostrarles que lo anterior es necesario e inevitable me veo obligado a considerar brevemente las condiciones en las que se ha desarrollado la artesanía a partir de la época clásica; al hacerlo, no puedo evitar abordar ciertos problemas sociales sobre cuya solución puede que algunos de ustedes discrepen de mí. En ese caso, les pido que recuerden que, aunque el comité me ha pedido que les lea esta conferencia, no se le puede responsabilizar de ninguna opinión ajena a los principios que se propugnan en sus documentos escritos. La Sociedad no debería ser considerada *peligrosa* salvo, quizás, para la diversión de algunos terratenientes y pastores rurales y de sus hijas y esposas.

Bien, hay que admitir que toda obra de arquitectura es una obra de cooperación. El propio diseñador, por muy original que sea, tiene una deuda que pagar a la necesidad de estar influido de una u otra forma por la *tradición*; hombres muertos guían su mano aunque él olvide que una vez existieron. Pero, además, sus ideas las deben llevar a cabo otros hombres. Ningún hombre puede hacer una construcción con sus propias manos. Sólo para considerar la posibilidad de empezar su trabajo, cada uno de esos hombres depende de alguien. Cada uno no es más que parte de una máquina. Puede que las partes sean máquinas a su vez o que sean inteligentes, pero, en cualquier caso, deben trabajar subordinados a todo el grupo. Está claro que hombres que así trabajan deben estar influidos en el trabajo por sus condiciones de

---

1. Eduardo I, rey de Inglaterra de 1272 a 1307 (n. del t.).

vida y el hombre que organiza su trabajo debe convencerse de que sólo obtendrá el tipo de trabajo que esas condiciones hayan engendrado. Esperar entusiasmo por el trabajo bien hecho de hombres a los que durante dos generaciones la presión de las circunstancias ha acostumbrado a trabajar de forma descuidada sería absurdo; esperar conciencia de la belleza de hombres a los que durante diez generaciones no se les ha permitido crear arte sería más absurdo todavía. La fabricación de cada pieza de trabajo en cooperación debe enmarcarse en su época y ser característica de ella. Entiendan claramente esto que ahora planteo de otra forma: todo trabajo arquitectónico debe estar basado en la cooperación; en todo trabajo de cooperación los productos acabados no pueden ser de mejor calidad de lo que la categoría más baja, más simple y más amplia (que también es la más esencial) les permita. La clase y la calidad de ese trabajo –el trabajo del artesano común– las determinan las condiciones sociales en las que él vive, que cambian mucho de una época a otra.

Intentemos ver entonces cómo han cambiado y apreciar cómo ha afectado ese cambio al arte, estudio durante el cual nos centraremos más en el desarrollo de la Edad Media (cuyo trabajo es el eje principal de nuestra Sociedad) que en cualquier otra época.

En el período clásico, la producción industrial la llevaban a cabo mayormente esclavos, cuyas personas y cuyo trabajo pertenecían por igual a sus jefes y a los que se mantenía justo en el nivel de vida que convenía a los intereses de dichos patronos. Era natural que con estas circunstancias se despreciara el industrialismo, mas en la civilización griega al menos, la vida común de los ciudadanos libres, la aristocracia de hecho, era sencilla, el ambiente no exigía un trabajo elaborado en lo relativo a ropa y alojamiento, la raza todavía era joven, vigorosa y físicamente bella. Por consiguiente la aristocracia, libre de la necesidad de trabajo duro y agotador gracias a la posesión de esclavos que se lo hacían todo y sin preocupaciones por el sustento, disponía –a pesar de las trifulcas y la piratería constantes que conforman su historia externa– tanto de inclinación como de ocio para cultivar las artes intelectuales mayores dentro de los límites que su amor natural por los hechos y su odio al romanticismo les dictaba. Las artes menores, mientras tanto, estaban sujetas a una subordinación rígida y ciertamente servil, que resultaba sumamente natural. ¿Me permiten

La arquitectura y la historia

ustedes que haga una interrupción aquí para pedirles que consideren, en caso de que algún caballero ateniense hubiera intentado construir una catedral gótica en tiempos de Pericles, qué clase de ayuda habría recibido por parte de los trabajadores esclavos de la época y qué tipo de gótico le habrían procurado?

Bien, el ideal de arte establecido por el intelecto de los griegos con un éxito tan espléndido y abrumador perduró también a lo largo de todo el período romano, a pesar de la invención y el uso del arco en la arquitectura o más bien en la construcción. Al mismo tiempo, la esclavitud, en unas condiciones algo distintas, producía las mercancías de uso común; el desdén absoluto por los resultados de la producción industrial que expresó el pedante Plinio, ya fuera auténtico o deducido artificialmente de los convencionalismos de la filosofía, bien ilustran el estado en que se encontraban las artes menores hechas por esclavos en el período clásico tardío.

Entretanto, y en vida de Plinio, hacía ya tiempo que las artes intelectuales de la época clásica habían vivido su apogeo y ahora debían sortear aburridos siglos de academicismo de los que se vieron finalmente redimidos, no por la vuelta al genio individual de tiempos pasados, sino por el desmoronamiento de la propia sociedad clásica, lo que supuso el cambio de la esclavitud –el fundamento de la sociedad clásica– a la servidumbre o al villanaje sobre los que se cimentaba el sistema feudal. El período de barbarie o desorden entre los dos períodos de orden fue sin duda extenso, mas al final el nuevo orden surgió de él radiante y claro y, en vez del sistema del ciudadano aristocrático y del esclavo sin derechos dominado por el culto a la ciudad (que era el ideal, la religión de la sociedad clásica), se formó un sistema de deberes y derechos personales, de servicio personal y de protección subordinado a ideas *a priori* sobre los deberes y los derechos de la humanidad para con las fuerzas invisibles del universo. No cabe duda de que, como era natural en este sistema jerárquico, los monasterios, cuya misión concreta era mantener el ideal jerárquico como un estandarte entre hombres imperfectos, desempeñaron respecto a las artes en la temprana Edad Media –entre los siervos del campo y sus señores– la función que en la época clásica cumplía el griego libre y culto entre su multitud de criados esclavizados. Mas la condición de siervo era muy distinta a la de esclavo ya que, aunque realizaba algunas tareas específicas para su señor, tenía –al menos en teoría– libertad para ganarse la vida como mejor pudiera dentro de los límites del señorío. El esclavo, como persona, tenía la esperanza de la manumisión, pero, colectivamente, no había esperanza alguna para él salvo en el derrumbamiento total y mecánico de la sociedad que se cimentaba en su sometimiento. Al siervo, por otra parte, se le forzaba –a causa de su trabajo– a esforzarse por mejorar como persona y colectivamente pronto empezó a adquirir derechos entre los derechos encontrados del rey, del señor y del burgués. Asimismo, muy al inicio de la Edad Media una fuerza nueva y poderosa empezó a germinar para ayudar en el trabajo: las primeras señales de una alianza secular entre hombres libres, productores y distribuidores.

Los gremios, cuyos primeros inicios en Inglaterra se remontan a antes de la conquista normanda, aunque reconocían por completo la condición jerárquica de la sociedad y en su época inicial en realidad tenían a menudo objetivos principalmente religiosos, no surgieron del orden eclesiástico; más aún, con toda probabilidad arraigaron en aquella parte de la raza europea que no había conocido ni a Roma ni a sus instituciones en la época de su dominio temporal. Inglaterra y Dinamarca fueron los primeros países en el desarrollo de los gremios, que arraigaron más tarde y con menos fuerza en los países latinizados.

El espíritu de la alianza se expandió; los gremios, que al principio habían sido sociedades de provecho o clubes más que otra cosa, pronto se convirtieron en órganos para la protección y la libertad del comercio y rápidamente se volvieron poderosos con el nombre de gremios de mercaderes; en la cúspide de su poder se formaron a su sombra otro tipo de gremios cuyo objetivo era la regulación y la práctica de una artesanía libre de exacciones feudales. Los gremios mercantiles más antiguos se opusieron a estas nuevas instituciones hasta el punto de que en Alemania ambos libraron una guerra sangrienta y atroz. La gran revuelta de Gante, que ustedes recordarán como ejemplo de esta hostilidad, la promovieron las artes menores, como Froissart las denomina.[2] Recuerden asimismo que Gante, la ciudad

---

2. Jean Froissart (c.1337–1410?), cronista francés que describió la sociedad de Europa occidental del siglo XIV y visitó las cortes de Inglaterra y Escocia (n. del t.).

productora, era revolucionaria y Brujas, la comercial, reaccionaria. En Inglaterra los gremios mercantiles cambiaron de forma más pacífica y se convirtieron en las principales corporaciones de las ciudades y los gremios artesanales ocuparon su lugar definitivo como reguladores y protectores de toda la artesanía. A comienzos del siglo XIV la supremacía de los gremios artesanales era total y al menos en esa época su constitución era absolutamente democrática; meros oficiales no había ninguno y los aprendices tenían la certeza, por costumbre, de ocupar el lugar de maestros de su arte una vez que lo hubieran aprendido.

Antes de pasar a considerar el declive y la caída de los gremios, examinemos cómo trabajaba el artesano en aquella época: primero una palabra respecto a sus condiciones de vida, pues debo decirles brevemente que vivía, si bien de forma tosca, al menos de forma más fácil de lo que su sucesor lo hace ahora. No trabajaba para ningún amo sino para el público, él mismo hacía sus mercancías de principio a fin y las vendía al hombre que iba a usarlas. Esto era lo que ocurría al menos con casi todos –si no todos– los productos hechos en Inglaterra; algunos de los productos menos comunes –como la tela de seda– sí que iban al mercado del regateo, algo inevitable dado que fundamentalmente los materiales de cualquier lugar era convertidos en productos cerca de su lugar de nacimiento. Pero hasta estos productos menos frecuentes se hacían primordialmente para el consumo doméstico y sólo los excedentes llegaban a manos del mercader, del cual deben ustedes recordar que no era un mero participante en el vaivén de la oferta y la demanda como lo es hoy día, sino un distribuidor de productos indispensable; se le pagaba por la molestia de llevar productos de un lugar en donde había más de los que hacían falta a otro donde no había suficientes y eso era todo. Las leyes contra los acumuladores y los acaparadores nos dan una idea de cómo se concebía este asunto del comercio en la Edad Media: como comercio, a saber, no como tráfico de beneficios. Un acumulador era un hombre que adquiría productos agrícolas para aumentar su precio y un acaparador un hombre que compraba y vendía en el mismo mercado o en un radio de cinco millas. En las ventajas del acumulador para la comunidad apenas es necesario detenerse, creo. En lo que respecta al acaparador, era la opinión de la gente ignorante de la Edad Media que un hombre que compraba, digamos, cien medidas de queso a dos peniques de libra a las nueve de la mañana y las vendía a las once por tres peniques no era un ciudadano especialmente útil. Confieso que soy lo bastante anticuado y conservador como para estar de acuerdo con ellos en este punto, aunque no puedo evitar observar que todos los «negocios» (así llamados adecuadamente) ahora se dedican a cumular y acaparar y que todos somos esclavos de esas deliciosas y sencillas profesiones, de modo que los criminales de una época se han convertido en los benévolos amos de la siguiente.

Bien, de todos modos, de este trato directo entre productor y consumidor derivó que el público en general fuera un buen juez de los productos manufacturados y, como resultado, que el arte –o más bien la religión– de la adulteración apenas se conociera; al menos, era fácil adquirir fama de confesor –si no de mártir– de ese noble credo.

Ahora bien, en lo que respecta a la forma de trabajar, la división del trabajo era mínima o inexistente en cada oficio. Creo que esto mitiga en parte el mal –pues así lo considero– de que un hombre tuviese que estar atado a un oficio de por vida (como también lo está ahora); lo mitiga en parte porque, después de todo, había gran variedad en el trabajo de un hombre que hacía él mismo un producto por entero, en vez de hacer siempre una pequeña parte de una pieza. Asimismo, deben ustedes advertir que los hombres libres de los gremios poseían parte de los prados del campo, como al menos poseía todo hombre libre. Port Meadow en Oxford, por ejemplo, era el prado comunitario de los hombres libres de esa ciudad.

Estas eran las condiciones de vida y de trabajo del artesano inglés del siglo XIV. Supongo que la mayor parte de nosotros nos hemos negado a aceptar la imagen que de él nos han ofrecido los pedantes medio ignorantes y completamente equivocados a los que antes me he referido. Quienes hemos estudiado los restos de su artesanía hace ya tiempo que estamos instintivamente seguros –sin que haga falta investigar más– de que no era un salvaje tiranizado por el clero y pisoteado, sino un hombre serio y vigoroso y, al menos en cierto sentido, *libre*. Ese instinto se ha visto sobradamente confirmado por meticulosos coleccionistas de datos como el señor Thorold Rogers[3] y ahora

---

3. J.E. Thorold Rogers (1823-1890), economista inglés autor de obras como *Seis siglos de trabajo y salarios* (1884) o *La interpretación económica de la historia* (1888) (n. del t.).

sabemos que el artesano gremial tuvo la clase de vida en el trabajo y en el ocio que cabía esperar de su arte. Si trabajaba no era en beneficio del patrón, sino por su propio sustento, que –vuelvo a repetir– no le costaba conseguir, por lo que tenía mucho tiempo libre y, al ser dueño de su tiempo, de sus herramientas y de su material, no iba a hacer su trabajo de una forma desaliñada, pues podía darse el lujo de recrearse dándole un acabado artístico. ¡Cuán diferente es esto del acabado mecánico o comercial que al menos algunos hemos aprendido, quizás como penitencia! Bien, ese acabado u ornamento artístico no era venal, se le dio gratis al público que –tiendo a creer– pagó por él con interés y simpatía por dicho trabajo, lo cual, de hecho, me parece un buen pago desde una época en la que un hombre puede vivir con un pago más burdo y material. Pues debo confesar aquí que lo que en la jerga moderna se denominan «los salarios del genio» estuvieron bastante desatendidos por parte de quienes erigieron nuestras edificaciones antiguas, ya que el arte –como el señor Thorold Rogers afirma con razón– estaba extendido: el poseer alguna destreza artística era la norma y no la excepción. Por lo general, quienes podían permitirse costear una construcción podían llevar a cabo el diseño y la planificación necesarios, obviamente porque contarían de forma natural con la ayuda y la inteligencia armoniosa de los hombres a los que tenían que dar empleo. Por ejemplo, la torre de la capilla de Merton College de Oxford la hicieron albañiles comunes bajo la supervisión de los miembros de la Junta de Gobierno de Merton College. Bien, a juzgar por el estropicio lamentable que la actual junta de gobierno ha permitido que se perpetúe en su hermoso anexo, el *Hall* de S. Alban, no me atrevería a confiarle ahora un trabajo tal a la muy respetable Junta de Gobierno actual de esa antigua institución.

De esta destreza extendida de las artes resultó que aquellos pobres desgraciados que tenían un talento y un gusto por encima del de sus compañeros (y que por tanto tenían un trabajo más agradable) tenían que conformarse con un salario extra muy moderado o a veces sin ningún extra. Parece que no podían hacer valer la reivindicación que ahora defiende ese grupo contra el que tanto se peca (y que tanto peca), los genios: que la forma de sus estómagos y el rasgo de su piel son diferentes a las de los demás hombres y que, por consiguiente, quieren comer y beber más y vestimentas diferentes a las de sus compañeros. Cuando con la mayor seriedad y sobriedad oigamos decir —como a menudo se dice— que en todo momento es necesaria una paga adicional para crear grandes obras de arte y que los hombres con un talento especial no harán uso de ese talento a menos que se les soborne de manera flagrante con bienes materiales entonces, afirmo yo, sabremos qué responder. Podemos apelar al testimonio de esas obras preciosas que aún nos quedan cuyos autores, anónimos y desconocidos, se contentaron con ofrecerlas al mundo sin más paga extra que la que su placer en el trabajo y su sentido de la utilidad pudiera proporcionarles.

Bien, ahora debo afirmar que me parece que un grupo de artesanos, que vivían como hemos visto y que trabajaban con máquinas simples o instrumentos que dominaban por completo, tenía grandes ventajas para producir arte arquitectónico en el sentido más amplio del término, y que con un razonamiento *a priori* cabría esperar hallar en su trabajo esa consideración y esa fertilidad de recursos que combinaban la libertad y la cooperación armoniosa y que, de hecho, sí hallamos. No obstante, a pesar de la inteligencia libre del trabajador medieval —o incluso a causa de ella—, todavía se sentía obligado a trabajar sólo como la tradición le permitía hacerlo. De habérsele ocurrido a la mente de cualquier hombre erigir un Partenón o un Erecteo a la orilla del Támesis, del Warfe o del Wensum en el siglo XIV, ¿cuánto creen ustedes que la habilidad de su compañero de trabajo habría podido secundar su locura?

Mas debemos dejar el siglo XIV un rato y apresurarnos en nuestro relato sobre la suerte del trabajador. He dicho que la constitución del gremio de artesanos fue al principio completamente democrática o fraternal, mas no siguió así mucho tiempo. A medida que las ciudades crecieron y la población aumentó a raudales con siervos de la gleba con derecho a voto y otros grupos, los viejos artesanos empezaron a formar una clase separada y privilegiada en los gremios con aprendices privilegiados y el oficial hizo al fin su aparición. Después de un tiempo, los oficiales intentaron formar gremios al amparo de las artes maestras, como otros habían hecho al amparo de los gremios mercantiles, mas las condiciones económicas de la época tendían ahora cada vez más a fabricar por dinero, por lo que perdieron esta batalla y fracasaron. Sin embargo, las condiciones laborales no cambiaron mucho: a los maestros los controlaban leyes a favor de los oficiales, los salarios subieron en vez de bajar a lo largo del siglo XV y la división del trabajo no comenzó hasta mucho después –en todas partes el artesano todavía era un artista.

El inicio del gran cambio llegó con la dinastía Tudor en el primer cuarto del siglo XVI, época durante la cual Inglaterra, de ser un país agrícola donde se cultivaba por sustento pasó a ser un país de pastos donde se labraba por dinero. Quien disponga de algo de tiempo puede leer el relato de este cambio y sus miserias en los escritos de Moro y Latimer.[4] Todo lo que necesito decir aquí al respecto es que tuvo una influencia muy directa en las condiciones de vida y el modo de trabajar de los artesanos, pues las artes se veían ahora inundadas de multitud de hombres sin tierra que para vivir no tenían más que la fuerza de sus cuerpos y que se veían obligados a vender esa fuerza día a día a cambio de lo que le dieran quienes ciertamente no comprarían un *producto* a menos que pudieran sacarle beneficio. La rapiña brutal con la que se operó el cambio de religión en Inglaterra y la destrucción gratuita de nuestros edificios públicos que acompañó al robo de nuestras tierras públicas indudablemente contribuyeron a degradar el arte que aún era posible con las nuevas condiciones de trabajo.

Mas la propia Reforma no fue sino uno de los aspectos del nuevo espíritu de la época creado por los grandes cambios económicos y se ocupó del arte y de su creador (el trabajo) más a fondo de lo que cualquier serie de casualidades lo habría hecho, por muy memorables que hubieran sido. El cambio en las condiciones de trabajo continuó con rapidez, aunque todavía había gran cantidad de lo que puede denominarse producción doméstica: los trabajadores en las ciudades llegaron a depender más de sus patrones (cada vez más meros oficiales) y un gran cambio se cernía sobre su forma de trabajar; sólo reunirlos en talleres grandes bajo un maestro ya supuso de hecho un ahorro de espacio, alquiler, fuego, luz y demás, pero fue el

---

4. Al igual que Santo Tomás Moro, el obispo inglés y mártir protestante Hugh Latimer (1485?–1555) fue ejecutado por defender sus ideales, en su caso, durante el reinado de la católica María Tudor (n. del t.).

preludio de un cambio mucho mayor; la división del trabajo comenzó ahora y rápidamente tomó cuerpo. Según las viejas normas medievales, la unidad de trabajo era el maestro artesano que conocía el negocio de principio a fin; tenía la ayuda de principiantes que estaban aprendiendo el negocio y no estaban condenados a esa tarea de por vida. Mas con el nuevo sistema de maestros y peones tuvo lugar el cambio en virtud del cual la unidad de producción era un grupo, cada uno de cuyos miembros dependía de todos los demás, sin los cuales se veía desvalido. Con este sistema, llamado sistema de división del trabajo, se puede condenar a un hombre –y a menudo se hace– a que pase toda su vida haciendo una parte insignificante de un artículo insignificante en el mercado. Uso el verbo en presente porque este sistema de división del trabajo todavía continúa a la par que el último desarrollo de la manufactura por dinero, que abordaré en breve.

Ahora bien, es necesario que ustedes entiendan que el nacimiento y el desarrollo de esta división del trabajo no fueron un mero accidente; quiero decir que no fueron el resultado de una moda pasajera e inexplicable que hiciera que los hombres desearan la clase de trabajo que podía hacerse de esa manera; los causaron los cambios económicos que obligaron a los hombres a producir ya no por sustento, como solían hacer, sino por beneficios. Casi todos los bienes, todos excepto los hechos de una forma más doméstica, tenían ahora que pasar por el mercado antes de llegar a manos de los usuarios. Se hacían para ser vendidos, no principalmente para ser usados, y me refiero a la práctica totalidad de ellos; su arte –al igual que su utilidad obvia– se había convertido ahora en un artículo vendible, distribuido según las necesidades del capitalista que daba trabajo tanto al operario de la máquina como al diseñador, encadenados a la necesidad de beneficios. Entiendan ustedes que, a estas alturas, la división del trabajo operaba de tal forma que, en vez de que todos los trabajadores fueran artistas como una vez lo habían sido, se les dividía en trabajadores que no eran artistas y en artistas que no eran trabajadores.

El cambio era total, o casi, a mediados del siglo XVIII: no necesito rastrear la degradación gradual de las artes desde el siglo XV hasta este momento. Baste decir que ha sido continuo y seguro. Sólo donde los hombres estaban más o menos aislados de la gran corriente de la civilización, donde la vida era ruda y la producción completamente doméstica, el arte que se produjo sí mantuvo algunas muestras de placer humano; en los demás sitios la pedantería reinaba con esplendor. Los pintores de cuadros que solían mostrarnos –como a través de una ventana que hubieran abierto– las añoranzas y las vidas de los santos y los héroes; más aún, los propios cielos y la ciudad de Dios colgando sobre la ciudad terrenal de sus amores, se convirtieron –¡cuán pocos de ellos no eran sino pretenciosos pintores de brocha gorda!– en elegantes aduladores de refinadas damas poco agraciadas y de señores estúpidos y altaneros. En lo que respecta a las artes arquitectónicas, ¿qué se puede esperar lograr de un grupo de máquinas humanas que, si cooperan, es sólo por rapidez y precisión en la producción y que, en el mejor de los casos, fueron diseñadas por pedantes que despreciaban la vida humana y, en el peor, por esclavos mecánicos, no mucho mejor en cualquier caso que los desdichados trabajadores? Se esperase lo que se esperase, nada se obtuvo salvo esa masa de juguetes ridículos y costosos al servicio del lujo y la ostentación a la que, desde entonces, se ha condenado muy merecidamente con el apelativo de tapicería.

¿Es este el final de la historia de la degradación de las artes? No, este drama tiene otro acto, que será mejor o peor en función de si a ustedes les satisface aceptarlo como final o si les estimula la insatisfacción, es decir, esperar algo mejor. Ya les he contado cómo al trabajador se le rebajó a máquina, aún tengo que contarles cómo hasta se le ha privado de esa extraña clase de dignidad.

Al finalizar el siglo XVIII, Inglaterra todavía era un país que producía junto a otros países que producían; su producción todavía era secundaria en relación a su vida eminentemente rural y se mezclaba con ella. En cincuenta años todo eso cambió e Inglaterra era el país productor del mundo por excelencia –el taller del mundo, así llamada a menudo con gran orgullo por sus patrióticos hijos. Pues bien, esta revolución tan extraña y trascendental la ocasionó la maquinaria que las casualidades y los cambios del mundo (una historia demasiado extensa como para siquiera esbozarla aquí) *impusieron* a nuestra población. Deben ustedes concebir esta gran industria de la maquinaria, por un lado, como sólo el desarrollo completo del efecto de producir por beneficios en vez de por sustento (que empezó en tiempos de Sir Tomás Moro) mas, por otro, como un cambio revolucionario en lo que respecta a la simple división del trabajo. Las exigencias de mi propio trabajo me han llevado a escarbar muy a fondo en los estratos del sistema de talleres del siglo XVIII y he podido apreciar claramente cuán diferente es del sistema de fábricas de hoy día con el que a menudo se le suele confundir. Por ello, leí con gran entusiasmo la explicación completa del cambio y sus tendencias en los escritos de un hombre, más bien diría yo de un gran hombre, al que –supongo– no debería nombrar en la presente compañía, el cual me despejó la mente en varios puntos (que tampoco debo mencionar aquí) relativos a este tema del trabajo y sus productos. Pero al menos debo decir esto: que mientras en el sistema de división del trabajo del siglo XVIII a un hombre se le obligaba a trabajar para siempre haciendo algo insignificante de una forma vil y mecánica que también él concebía de forma vil, en el sistema de fábricas y máquinas casi automáticas en el que ahora vivimos puede que cambie de trabajo bastante a menudo, que se le cambie de una máquina a otra y que apenas sepa que está produciendo algo; en otras palabras, en el sistema del siglo XVIII quedaba reducido a máquina, en el actual él es el esclavo de la máquina. Es la máquina la que le dicta qué tiene que hacer si no quiere morirse de hambre. Sí, y además no de una forma metafórica; por ejemplo, la máquina puede, si así lo desea, si decide acelerar el ritmo, hacerle caminar treinta millas al día en vez de veinte y mandarlo a un albergue para pobres si se niega a hacerlo.

Ahora bien, si ustedes me preguntan (y no es mala pregunta) quién está peor, el trabajador de la máquina del siglo XVIII o el esclavo de la máquina del XIX, me inclino a decirles que creo que este último. Si les diera mis razones, pocos de ustedes estarían de acuerdo conmigo y no estoy seguro de que me dejaran acabar este discurso; de todos modos, son algo complicadas. Mas la pregunta de qué grupo de trabajadores produjo mejor trabajo puede responderse sin demasiadas complicaciones. Por lo menos, el trabajador de la máquina tenía que estar bien cualificado en su despreciable tarea, el esclavo de la máquina precisa de poca cualificación y, de hecho, su lugar ha sido ocupado por mujeres y niños; vigilar el trabajo de estos es la única cualificación que necesita. En resumen, el actual sistema de fábricas y del predominio de la máquina tiende a eliminar por completo el trabajo cualificado.

Aquí, por tanto, se da un extraño contraste entre el artesano de la Edad Media y el de hoy día que les invito a considerar con seriedad. El hombre medieval se pone a trabajar según su propio horario, en su propia casa, probablemente él mismo hace sus herramientas, sus instrumentos o su sencilla máquina antes incluso de dedicarse a su tejido, su masa de arcilla o lo que sea. Él mismo decide qué ornamento llevará su trabajo cuando esté acabado y su mente y su mano lo diseñan y llevan a cabo; la tradición, es decir, las mentes y los pensamientos de todos los trabajadores que le precedieron, en lo que respecta al carácter específico de su arte, sí que efectivamente le guía y le ayuda; por lo demás es libre. Tampoco debemos olvidar que, aunque viva en una ciudad, los prados y el dulce campo llegan hasta cerca de su casa y a ratos él trabaja en ellos y más de una o dos veces en su vida ha tenido que coger de la pared el arco y otras armas y arriesgarse a encontrarse con el gran secreto cara a cara en el campo de batalla. Casi siempre, en realidad, en disputas de otros, aunque alguna vez en las propias y en estas no salió mal parado.

¿Mas cómo trabaja y vive quien ha ocupado su lugar? De esto todos sabemos algo. Tiene que estar en la puerta de la fábrica cuando suena la campana o se le multa o «se le envía al césped.» Mejor dicho, no siempre estará abierta la puerta de la fábrica para él. A menos que el patrón –a merced de un mercado del que el sabe poco y su mano nada– le ceda un sitio y una máquina para trabajar, debe darse la vuelta y vagar por las calles como muchos miles hacen hoy día en Inglaterra. Mas imaginémoslo allí, feliz delante de su máquina; debe seguirla arriba y abajo, día sí y día también, sus pensamientos no deben ir encaminados a otra cosa que no sea su trabajo. Repito, lo más que puede hacer es saber qué es lo que la máquina (y no él) está haciendo. Diseño y adornos, ¿qué tiene él que ver con eso? Bueno, puede que esté a cargo de una máquina que haga un producto digno o que, por otro lado, sea cómplice (muy menor) en la obtención de una flagrante muestra de impostura y bellaquería; recibirá el mismo salario por uno que por otro y ni uno ni otro estarán en absoluto bajo su control. Toda la religión, la moralidad, la filantropía y la libertad del siglo XIX no le ayudarán a escapar de esta ignominia. ¿Acaso hace falta que diga cómo y dónde vive? Alojado en una perrera sofocante, millas y millas de perreras similares le separan de los hermosos campos de un país que –merced a una burla macabra– se denomina «suyo». A veces, los días de fiesta lo meten a empellones en un tren para que vaya a verlo y por la tarde se le lleva de vuelta a su mugriento infierno. ¡Pobre desgraciado!

Díganme, pues, ¿en qué momento de la vida laboral de este hombre lo pondrán ustedes a imitar el trabajo de los artesanos libres del siglo XIV con la esperanza de que obtenga un trabajo de igual calidad?

Bueno, para no debilitar mi argumentación con exageraciones reconozco que, aunque este esclavo de la máquina realiza mucho trabajo con aspiraciones artísticas en función del precio de uno u otro mercado ridículo, la artesanía de la construcción aún no ha llegado a este extremo en la revolución industrial; constituye un ejemplo de mi afirmación de que el sistema de división del trabajo del siglo XVIII aún existe y opera a la par que el gran sistema de fábricas y máquinas. Mas también aquí el avance de la degradación resulta bastante obvio, ya que entre los artesanos similares del siglo XVIII aún quedaban restos de la tradición de épocas del arte ahora perdidas, mientras que ahora en dichas artes el sistema de división del trabajo ha devorado desde al arquitecto al albañil y además los niveles de excelencia, en vez de guardar alguna relación con los del trabajador libre de los gremios, han caído muy por debajo de los del hombre esclavizado por la división del trabajo del siglo XVIII y no son ni un ápice mejor que los de quien hace chapuzas en las grandes industrias. En resumen, el trabajador de la gran industria maquinaria ilustra el tipo de trabajo de hoy día.

Sin duda, resulta curioso que, mientras estamos dispuestos a reírnos ante la mera posibilidad de que un trabajador griego hiciera una construcción gótica o que un trabajador gótico hiciera una griega, no vemos nada absurdo en que un trabajador victoriano cree una gótica; y ello, aunque poseemos un buen número de muestras del trabajo de la época del Renacimiento, cuyos trabajadores –según las pedantes y retrospectivas directrices de dicha época– se suponía que en teoría podían imitar obras clásicas antiguas, una imitación que, de hecho, resultó obstinadamente característica de su época y que derivó todo el valor que tenía de dichas características –algo curioso y quizás, de todos los indicios de la debilidad del arte actual, uno de los más desalentadores. Se me puede decir, tal vez, que el mismo conocimiento

La arquitectura y la historia

histórico al que antes he aludido y del que la pedantería del Renacimiento y del siglo XVIII carecían nos ha permitido obrar el milagro de devolverle la vida a siglos muertos; pero en mi opinión, resulta extraño adoptar una perspectiva del conocimiento y la intuición históricos que nos conduzca a la aventura de intentar desandar el pasado en vez de proporcionarnos un atisbo de intuición sobre el futuro; resulta extraño adoptar una perspectiva de la continuidad de la historia que nos haga ignorar los cambios que constituyen la esencia misma de dicha continuidad. En verdad, el arte del ciclo pasado, el del Renacimiento que brilló por última vez en las débiles tonterías del diletantismo de los últimos reyes Jorge,[5] estaba imbuido –como antes insinué– de una confianza altanera en sí mismo que le prohibía expresamente tomar como modelo cualquier estilo que no considerara parte de sí mismo. No pudo escoger entre más estilos de lo que pudieron el arte griego o el gótico. Asumió la evolución de la historia y aceptó por completo al trabajador de la división del trabajo (si bien de forma tácita). Y, de esta forma, dicho arte hizo cuanto pudo y disfrutó de cierta vida, aunque fuera una vida monótona y bastante representativa de la dominación estúpida pero audaz de la clase media que constituyó la clave de su época.

Mas nosotros, afirmo, nosotros nos negamos a admitir la evolución de la historia. A nuestro esclavo lo unimos a la máquina para que indistintamente haga el trabajo del trabajador medieval libre o el del hombre del período de transición. Sólo en nuestra época, y no en ninguna otra, hemos aprendido el ardid de disfrazarnos con las ropas que otros han desechado y montamos una representación teatral extraña e hipócrita, más con una imperturbabilidad tímida que con una confianza altiva, resueltos a cerrar los ojos ante todo lo que sea seriamente desagradable y haciendo caso omiso al movimiento silencioso de la historia real que aún continúa bajo nuestro espectáculo circense.

Seguramente tal estado de cosas es un síntoma de cambio, de un cambio quizás apresurado, sin duda definitivo. Pues, por extraño que parezca, he aquí una sociedad que en su superficie culta no posee

---

5. Jorge III ocupó el trono de Inglaterra de 1760 a 1820 y su hijo Jorge IV de 1820 a 1830 (n. del t.).

características distintivas propias, sino que flota de uno a otro lado; un grupo de mentes va a la deriva hacia la belleza del pasado, el otro hacia la lógica del futuro; cada uno cree al menos tácitamente que basta con hacer recuento de sus apoyos para establecer una norma general que deba regir el mundo a pesar de la lógica y de la historia, ignorando *la necesidad* que incluso ha hecho a su debilidad ciega lo que es. Y mientras tanto, por debajo de esta superficie culta opera el gran sistema comercial que los cultos ven como su sirviente y lo que une a la sociedad, pero que en realidad es su amo y lo que separa a la sociedad; pues no se trata más que de una guerra y su naturaleza sólo puede cambiar con su muerte: hombre contra hombre, clase contra clase; bajo el lema «lo que yo gano, tú lo pierdes» esta guerra debe continuar hasta que llegue el gran cambio cuyo fin es la paz y no la guerra.

¿Y quiénes somos los que estamos aquí reunidos tras luchar siete años tímidamente por la vida, por poder hacer algo? ¿Simples migajas en ese océano de hipocresía medio consciente que llamamos sociedad culta? No, espero que no. Al menos no le damos la espalda a la historia y decimos «eso es malo y esto es bueno», «me gusta esto y no me gusta aquello», sino que más bien decimos «esto era la vida y estos, los trabajos de nuestros padres, son signos materiales de ello.» Esa vida vive en ustedes, aunque la hayan olvidado. Esos signos materiales, aunque ustedes los ignoren, serán buscados un día; y esa necesidad, que incluso ahora está dando forma a la sociedad del futuro y un día lo pondrá de manifiesto, nos ha obligado, entre otras cosas, a hacer lo posible por atesorar esos signos de la vida pasada y la futura. La sociedad de hoy día, anárquica como es, está no obstante formando un nuevo orden del que nosotros, junto a todos aquellos que –lo diré– tienen el valor de aceptar la realidad y rechazar la impostura, formamos y debemos formar parte, de modo que a la larga nuestro trabajo, aunque a veces pueda parecernos inútil, no llegue a perderse por completo. Ya que, después de todo, ¿por qué es por lo que estamos luchando? Por la realidad del arte, es decir, por el placer de la raza humana. La tendencia de la sociedad comercial o competitiva que se ha estado desarrollando a lo largo de más de trescientos años ha sido a la destrucción del placer de vivir. Mas al final esa sociedad competitiva se ha desarrollado tanto que, como he dicho, se aproximan su propio cambio y su muerte y, como signo del cambio, la destrucción del placer de vivir ya empieza a parecernos a muchos no una necesidad, sino algo contra lo que luchar. De la autenticidad y la realidad de dicha esperanza depende la existencia, la razón de la existencia de nuestra Sociedad. Créanme, no será posible que un puñado de gente culta mantenga vivo el interés por el arte y los documentos del pasado en las actuales condiciones de lucha sórdida y desgarradora por existir de la mayoría y de lánguido deambular por la vida de la minoría. Mas cuando la sociedad se reconstituya de forma tal que todos los ciudadanos tengan la oportunidad de llevar una vida compuesta del tiempo libre adecuado y del trabajo razonable, entonces toda la sociedad –y no sólo nuestra Sociedad– optará por proteger las edificaciones antiguas de cualquier daño, sea gratuito o accidental, pues entonces empezarán por fin a comprender que dichas edificaciones forman parte de su vida actual y de ellos mismos. Esto ocurrirá cuando llegue el momento preciso porque, en la actualidad, aunque los hombres fueran conscientes de su pérdida no podrían impedirla, dado que viven en un estado de guerra, es decir, de derroche ciego.

Ciertamente quienes formamos esta Sociedad nos hemos topado de bruces con la verdad bastante a menudo, hemos tenido que reconocer a menudo que, si la destrucción o el embrutecimiento de un antiguo monumento de arte e historia era «cuestión de dinero», era inútil luchar en su contra. No seamos ni tan débiles ni tan cobardes como para negarnos a afrontar este hecho pues nosotros, aunque nuestra función de formar el futuro de la sociedad pueda resultar modesta, tampoco podemos transigir. Admitamos que vivimos un momento de barbarie entre dos épocas de orden, el orden del pasado y el orden del futuro y, luego, aunque algunos de nosotros piensen (como yo) que el final de esta barbarie se acerca y otros que está lejos, aun así ambos podemos –yo con esperanza y otros sin ella– trabajar juntos para preservar las reliquias del viejo orden que aún nos quedan como enseñanza, placer y esperanza del nuevo. Haciendo esto, ¡ojalá que la época de guerra actual resulte menos desastrosa, aunque sólo sea un poco, y la época de paz venidera más provechosa!

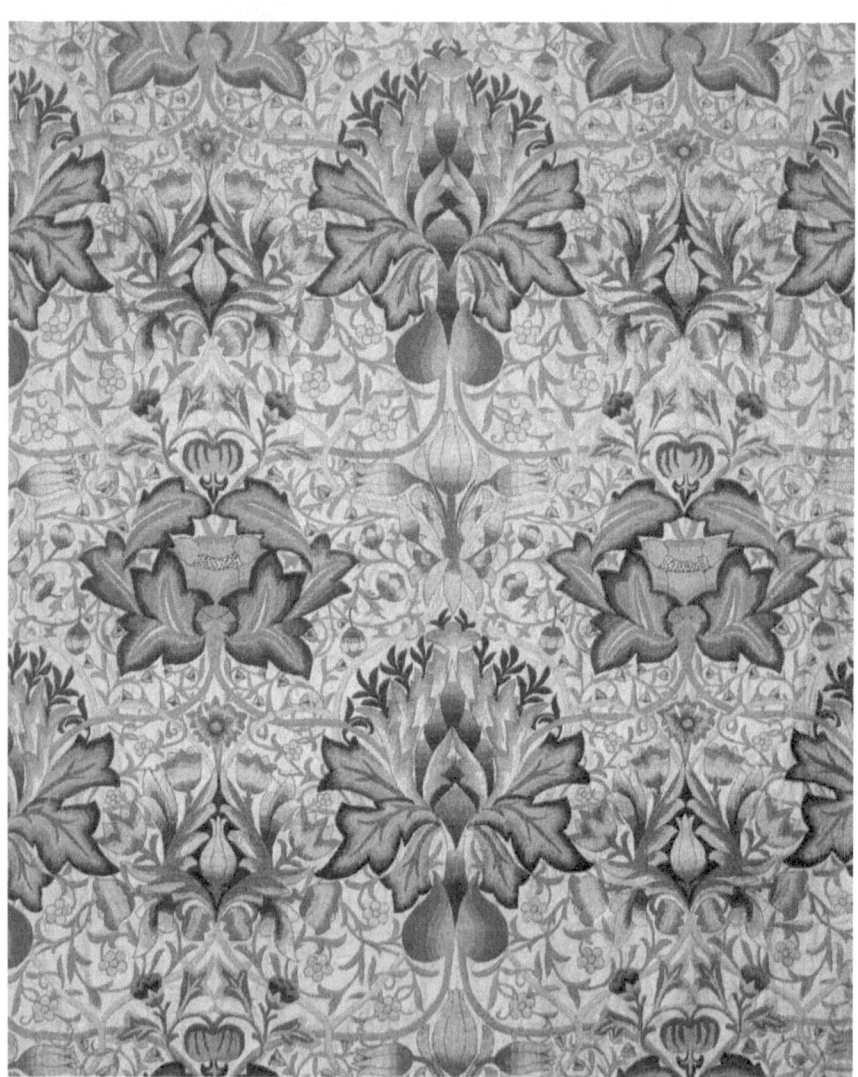

Tapiz *The Woodpecker*, hacia 1885.

LAS METAS DEL ARTE (1886)*

Al considerar las metas del arte, esto es, por qué los hombres aprecian el arte y se dedican laboriosamente al arte, me veo obligado a generalizar acerca del único espécimen de la humanidad del que sé algo, a saber, yo mismo. Bien, cuando pienso en lo que deseo compruebo que no puedo sino llamarlo felicidad. Quiero ser feliz mientras viva pues, en lo que respecta a la muerte, descubro que, al no haberla experimentado nunca, no tengo una noción de lo que significa y por tanto no puedo hacer que mi mente se ocupe de ella. Sé lo que es vivir, ni siquiera puedo imaginarme lo que es estar muerto. Pues bien, quiero ser feliz e incluso algunas veces –digamos la mayoría– estar alegre y me resulta difícil creer que este no sea un deseo

---

* Dictada el 14 de marzo de 1886. En 1888, Morris la incluyó en la antología de textos socialistas titulada *Signs of Change*. Uno de sus temas clave es el del efecto de las máquinas en el proceso de creación y la calidad estética de los objetos producidos con ellas. Morris analiza aquí detalladamente qué son las máquinas, su variedad, cuándo son buenas herramientas de trabajo e incluso deseables y cuándo no lo son, aunque no considere ni las posibilidades ni las características de la fabricación de máquinas como había hecho con anterioridad. Si, en el sistema industrial, la producción con máquinas constituye un impedimento para la creación artística o la calidad estética del resultado obtenido, eso se debe a las condiciones que impone este sistema y sus objetivos: las máquinas han sido fabricadas para incrementar beneficios y reducir costes en detrimento de la libertad de pensamiento de las personas que trabajan con ellas. En este texto, Morris también responde a una de las objeciones más frecuentes a su pensamiento, a saber: la contradicción entre la defensa de las artes medievales como modelo de libertad creativa y la situación de servilismo y opresión política en la Edad Media. Después prosigue tratando del futuro y entonces Morris describe cómo imagina el cambio histórico necesario que ya llama revolución; las penalidades y peligros que conlleva así como lo que se podrá transformar. De alguna manera, la conferencia avanza lo que según Morris será la vida en Ninguna Parte, la Inglaterra del siglo XXI, que él imaginó comunista y posrevolucionaria (n. de la intr.).

universal, por lo que mimo con el mejor de mis empeños cualquier cosa que sirva a ese fin. Ahora bien, cuando reflexiono algo más sobre mi vida descubro, o así parece, que está bajo la influencia de dos estados dominantes que (a falta de un término mejor) debo llamar el estado del vigor y el estado de la ociosidad: estos dos estados están siempre, ora uno, ora otro, instándome a que los satisfaga. Cuando me domina el estado del vigor he de hacer algo o me siento abatido e infeliz; cuando me domina el estado de la ociosidad, me resulta ciertamente difícil no descansar y dejar que mi mente vague por las imágenes –agradables o terribles– que mi propia experiencia o mi conversación con los pensamientos de otros hombres –vivos o muertos– han forjado en ella. Si las circunstancias no me permiten cultivar este estado de la ociosidad, compruebo que en el mejor de los casos debo pasar un período de dolor hasta que consiga estimular mi estado del vigor para que ocupe su lugar y me haga de nuevo feliz. Y si no dispongo de medios con que despertar al estado del vigor para que cumpla su misión de hacerme feliz y tengo que trabajar mientras me domina el estado de la ociosidad, entonces soy verdaderamente infeliz y casi deseo estar muerto, pese a que no sé lo que significa.

Además, compruebo que en el estado de la ociosidad la memoria me distrae, en el estado del vigor la esperanza me anima, una esperanza que una veces es grande y grave y otras trivial, mas una sin la cual no hay vigor feliz. Además compruebo que, mientras que a veces puedo satisfacer este estado con solo ejercitarlo en una tarea que no tenga mayor relevancia (en una diversión, en resumen), aunque luego se canse y se vuelva lánguido, la esperanza a este respecto es muy trivial y a veces apenas real; asimismo compruebo que por lo general para satisfacer a mi amo el estado debo hacer algo o fingir que lo estoy haciendo.

Bien, creo que la vida de todos los hombres se compone de estos dos ánimos en diversas proporciones y que esto explica por qué siempre, con mayor o menor esfuerzo, han apreciado el arte y se han dedicado a él.

¿Por qué se habrán acercado a él, incrementando así el trabajo que no pudieron escoger sino para vivir? Deben haberlo hecho por placer, ya que sólo en las civilizaciones muy desarrolladas el hombre ha podido lograr que otros hombres lo mantengan con vida sólo para crear

Las metas del arte

obras de arte, mientras que todos los hombres que han dejado huella de su existencia se han dedicado al arte.

Supongo, en verdad, que nadie está dispuesto a negar que el fin de una obra de arte es siempre complacer a la persona cuyos sentidos van a percibirla. Fue hecha para que alguien fuera más feliz gracias a ella; su estado ocioso o sosegado tendría que alegrarse gracias a ella, de forma que al vacío que constituye el principal mal de dicho estado lo sustituya la contemplación grata, el sueño o lo que se quiera y, de este modo, no le dominaría tan pronto el estado del trabajo o del vigor: disfrutaría más y mejor.

Por consiguiente, controlar el desasosiego es claramente una de las metas esenciales del arte y pocas cosas puedan contribuir al placer de vivir más que ello. Que yo sepa, ahora vive gente dotada que no tiene más vicio que este del desasosiego y aparentemente ninguna otra maldición en su vida que la haga infeliz, mas con eso basta: es «la pequeña grieta dentro del laúd». El desasosiego les hace hombres desventurados y malos ciudadanos.

Mas admitiendo –como supongo que todos ustedes hacen– que esta es una función harto importante que el arte debe cumplir, a continuación surge la pregunta: ¿a qué precio lo obtenemos? He reconocido que dedicarse al arte ha incrementado el trabajo de la humanidad, aunque creo que a la postre no será así, ¿mas al incrementar el trabajo del hombre ha incrementado hasta ahora su dolor? Siempre ha habido gente que respondería sí a esta pregunta al instante, por lo que ha habido y hay dos tipos de personas a las que les disgusta el arte y lo condenan como un disparate embarazoso. Además de los píos ascéticos, que lo consideran un embrollo mundano que les impide a los hombres centrar la mente en sus opciones de felicidad o de miseria individual en el mundo venidero; en resumen, odian el arte porque creen que incrementa la felicidad terrenal del hombre. Además de estos, hay gente que, al considerar la lucha por la vida desde el prisma más razonable que conocen, condenan las artes porque creen que incrementan la esclavitud del hombre al aumentar el montante de su dura tarea. Si este fuera el caso, aún habría que plantearse –en mi opinión– si no merecería la pena soportar el sufrimiento del trabajo extra a cambio del placer extra que aumenta en el descanso, dando por sentada, por ahora, la igualdad de condición de los hombres. Mas no me parece que sea cierto que el dedicarse al arte incremente la dura tarea; es más, creo que de haber sido así nunca habría surgido el arte, no sería apreciable (como lo es) entre pueblos en los que sólo existe un germen de civilización. En otras palabras, creo que el arte no puede ser resultado de una coacción externa; el trabajo que se emplea para crearlo es voluntario y se acomete en parte por el trabajo en sí mismo, en parte por la esperanza de crear algo que, cuando esté hecho, proporcionará placer a quien lo use. Por otro lado este trabajo extra, cuando es extra, se emprende con el objetivo de satisfacer el estado del vigor no sólo empleándolo en crear algo que merezca la pena hacerse y que, por tanto, le proporcione al trabajador una esperanza viva mientras trabaja, sino también dándole trabajo en el que haya un placer absoluto e inmediato. Quizás sea difícil explicarle a una mentalidad ajena al arte que este placer sensual concreto está siempre presente en la obra del trabajador hábil cuando trabaja con acierto y que aumenta en proporción a la libertad y la individualidad del trabajo. También deben ustedes entender que esta producción del arte –y el consiguiente placer en el trabajo– no se limita a la producción de objetos que sólo sean obras de arte como cuadros, estatuas y demás, sino que ha sido y debería ser parte de todo trabajo de una u otra clase; sólo entonces se satisfarán las pretensiones del estado del vigor.

Por tanto, la meta del arte es aumentar la felicidad de los hombres, proporcionándoles belleza e inquietud para ocupar su tiempo libre e impedir que se aburran incluso del descanso y proporcionándoles esperanza y placer corporal en su trabajo; en resumen, hacer feliz el trabajo del hombre y provechoso su descanso. Por consiguiente, el arte verdadero es un beneficio absoluto para la raza humana.

Mas como la palabra «verdadero» es un calificativo amplio, debo pedirles permiso para intentar sacar algunas conclusiones prácticas de esta afirmación sobre las metas del arte que, supongo o en realidad espero, nos suscitarán algo de controversia al respecto, porque en verdad es fútil esperar que nadie hable de arte –salvo de forma muy superficial– sin toparse con esos problemas sociales que tienen en mente todos los hombres serios, dado que el arte es y debe ser, sea abundante o estéril, sincero o falso, la expresión de la sociedad en la cual existe.

Las metas del arte

En primer lugar, pues, me resulta claro que quienes en la actualidad poseen una perspectiva más amplia de la realidad y más profunda de sí mismos están bastante descontentos con el estado actual de las artes, igual que lo están con la condición actual de la sociedad. Esto lo digo en contra de la supuesta revivificación del arte que ha ocurrido en los últimos años; de hecho, ese mismo entusiasmo por las artes de parte de la gente culta de hoy día no hace sino demostrar cuán sólida es la base del descontento antes mencionado. Hace cuarenta años se hablaba mucho menos de arte y se practicaba menos de lo que se hace ahora, algo especialmente cierto en las artes arquitectónicas, de las que mayormente voy a tener que hablar ahora. Desde aquella época la gente se ha esforzado a conciencia por resucitar el arte muerto con algún éxito superficial. Sin embargo, a pesar de este esfuerzo consciente, debo decirles que Inglaterra –para una persona que pueda sentir y entender la belleza– era entonces un lugar menos penoso para vivir de lo que lo es ahora y quienes sabemos qué significa el arte sabemos bien –aunque a menudo no nos atrevamos a decirlo– que dentro de cuarenta años nos resultará un lugar aún más penoso que ahora si seguimos por el camino que llevamos. Hace menos de cuarenta años (digamos treinta) vi por vez primera la ciudad de Rouen, entonces todavía un fragmento de la Edad Media por su apariencia externa: no hay palabras para expresarles cómo su mezcla de belleza, historia y romanticismo me poseyeron; sólo puedo decir que, al repasar mi vida, descubro que fue el mayor placer que jamás haya tenido y ahora es un placer que ya nunca nadie podrá volver a tener: el mundo lo ha perdido para siempre. En aquella época yo era un estudiante de Oxford. Aunque no tan sorprendente, tan romántica o tan medieval a primera vista como la ciudad normanda, Oxford en aquellos días aún mantenía gran parte de su viejo encanto y el recuerdo de sus calles grises como entonces eran ha sido una influencia y un placer permanentes en mi vida y aún serían mayores si pudiera olvidar lo que son ahora; en cualquier caso era algo que podía haberme resultado de mayor importancia que la presunta erudición de aquel lugar, pero que –de hecho– nadie intentó enseñarme y yo no intenté aprender. Desde entonces, los guardianes de esta belleza y este romanticismo tan rebosantes de educación, aunque supuestamente dedicados a la «enseñanza superior» (tal es el apelativo del fútil sistema de compromisos que siguen), la han ignorado por entero, han hecho que su conservación ceda a la presión de las exigencias comerciales y parece que están decididos a destruirla por completo. El viento se ha llevado otro placer del mundo; aquí, de nuevo, la belleza y el romanticismo se han desperdiciado inútil, irrazonable y neciamente.

Si menciono estos dos casos es simplemente porque están anclados en mi mente, no son sino modelos de lo que está ocurriendo a lo largo y ancho del mundo civilizado: en todas partes el mundo se está volviendo más vulgar y más feo, pese a los esfuerzos conscientes y muy vigorosos por el renacer del arte de un pequeño grupo de personas que van tan obviamente a contrapié de la tendencia de la época que, mientras los incultos ni siquiera han oído hablar de ellas, el grupo de los cultos las consideran una broma e incluso están empezando a hastiarles.

Ahora bien, si es cierto, tal como he afirmado, que el arte verdadero es un beneficio absoluto para el mundo, esta es una cuestión seria, pues a primera vista parece indicar que pronto no habrá arte alguno en el mundo, el cual perderá así un beneficio absoluto. Mal puede permitirse eso, creo.

Pues el arte, si ha de morir, se habrá malgastado y su meta caerá en el olvido; su meta era hacer feliz el trabajo y provechoso el descanso. ¿Va a ser entonces desdichado todo trabajo e infructuoso todo descanso? En realidad, si el arte ha morir ese será el caso, a menos que algo ocupe su lugar: algo innombrado e inimaginado en la actualidad.

No creo que nada vaya a ocupar el lugar del arte, no porque dude del ingenio del hombre, que parece no tener límites a la hora de hacerse desdichado, sino porque creo que los manantiales del arte de la mente humana son inmortales y también porque me parece fácil ver las causas de la destrucción actual de las artes.

Puesto que nosotros, la gente civilizada, no hemos renunciado a ellas conscientemente o por voluntad propia, se nos ha *obligado* a renunciar a ellas. Quizás pueda ilustrar esto con el detalle de la aplicación de maquinaria a la producción de cosas en las que es posible algún tipo de forma artística. ¿Por qué usa una máquina un hombre sensato? Seguramente para ahorrarse trabajo. Hay algunas cosas que una máquina puede hacer igual de bien que la mano del hombre *con una herramienta*. No necesita, por ejemplo, moler su maíz a mano en un molinillo; un pequeño chorro de agua, una rueda y unos pocos artilugios simples lo harán perfectamente bien y le dejarán libre para fumar en pipa y pensar o para tallar el mango de su cuchillo. Eso, hasta ahora, es una ventaja absoluta de emplear una máquina, siempre –por supuesto– que se dé por sentada la igualdad de condición entre los hombres; no se pierde ni arte, ni ocio ni tiempo, dado que se gana más trabajo placentero. Quizás un hombre perfectamente sensato y libre se detendría ahí en su relación con las máquinas, mas es mucho esperar tal sensatez y libertad, así que sigamos a nuestro inventor de máquinas un paso más. Tiene que tejer telas lisas y por un lado piensa que hacerlo resulta muy pesado y por otro que un telar mecánico tejerá la tela casi tan bien como un telar manual así que, para conseguir más ocio o tiempo para un trabajo más agradable, usa un telar mecánico y renuncia a la pequeña ventaja de un poco de arte extra en la tela. Mas al actuar así, en lo que a arte se refiere no obtiene beneficio alguno; ha hecho un trato con el arte y el trabajo y como resultado ha conseguido un arreglo provisional. No digo que no tenga razón al actuar así, pero ha perdido a la vez que ganado. Ahora bien, hasta aquí es hasta donde un hombre que aprecie el arte y sea sensato llegaría en lo que a máquinas se refiere *en tanto en cuanto sea libre*, es decir, que no se le obligue a trabajar en beneficio de otro hombre, mientras viva en una sociedad *que haya aceptado la igualdad de condición*. Al avanzar un paso más en el uso de máquinas en el arte se vuelve un hombre insensato si aprecia el arte y es libre. Para evitar malentendidos, debo decir que estoy pensando en una máquina moderna (que es como si estuviera viva y para la cual el hombre es accesorio) y no en la máquina antigua, la herramienta perfeccionada, que es accesoria para el hombre y sólo opera en tanto en cuanto la mano de este piense, aunque sostengo que hasta a esta forma elemental de máquina hay que renunciar cuando se trata de las formas más elevadas e intrincadas de arte. Bien, en cuanto a la maquinaria usada en el arte, cuando llega a la fase superior de una producción necesaria que accidentalmente posee algo de belleza, un hombre sensato que sienta el arte sólo la usará cuando se le obligue. Si cree que le gustarían los adornos, por ejemplo, y sabe que la máquina no puede hacerlos correctamente y no se preocupa de dedicarles tiempo para hacerlos correctamente, ¿por qué los hace entonces? No iba a reducir su ocio por hacer algo que no quiere, a menos que un hombre o un grupo de hombres le obliguen a ello, por lo que o se apañará sin los adornos o sacrificará parte de su ocio para hacerlos de verdad. Ello será un indicio de que sí los quiere y de que su esfuerzo merecerá la pena, en cuyo caso, una vez más, su trabajo no será una mera molestia, sino que le interesará y le agradará al satisfacer las necesidades de su estado del vigor.

Así, afirmo, se comportaría un hombre sensato si se viera libre de la coacción humana; al no ser libre, se comporta de forma muy diferente. Hace ya mucho que él superó la fase en que las máquinas sólo se usaban para hacer trabajo repulsivo para el hombre común o para hacer lo que bien podrían hacer tanto la máquina como el hombre, e instintivamente espera que se invente una máquina cada vez que se requiere un producto industrial. Es esclavo de la maquinaria; la nueva máquina *debe* inventarse y cuando se invente él *debe*, no diré usarla, sino ser usado por ella, tanto si le gusta como si no.

¿Mas por qué es esclavo de la maquinaria? Porque es esclavo del sistema para cuya existencia fue necesaria la invención de la maquinaria.

Y ahora debo renunciar (o más bien haber renunciado) al supuesto de la igualdad de condición y recordarles que, aunque en un sentido todos seamos esclavos de la maquinaria, algunos hombres lo son directamente sin metáfora alguna y que es precisamente de estos de quienes depende la mayoría del arte: los trabajadores. Para el sistema que los mantiene en su posición de clase inferior es necesario que o bien sean máquinas a su vez, o bien siervos de las máquinas, sin sentir en ningún caso interés alguno por el trabajo que realizan. Para sus patrones ellos son, como trabajadores, parte de la maquinaria del taller o de la fábrica; para ellos mismos son proletarios, seres humanos que trabajan para vivir de modo que puedan vivir para trabajar; su faceta de artesanos, de hacedores de cosas por voluntad propia, se ha extinguido.

Aun a riesgo de ser acusado de sentimentalismo, diré que al ser esto así, dado que el trabajo que crea cosas que debieran ser propias del arte no es más que una carga y una esclavitud, al menos de algo me congratulo: de que no pueda crear arte y de que todo lo que puede hacer quede a medio camino entre el utilitarismo puro y el fraude estúpido.

¿O acaso es eso puramente sentimental? Estimo, más bien, que quienes hemos aprendido a ver la conexión entre la esclavitud de la industria y la degradación de las artes también hemos aprendido a esperar un futuro para esas artes. Dado que ciertamente llegará el día en que los hombres se sacudan el yugo y se nieguen a aceptar la mera coacción artificial de un mercado arbitrario para que malgasten su vida en una faena incesante y desesperante. Cuando ese día llegue, su instinto para la belleza y la imaginación (liberados a la par que ellos) creará justo el arte que necesitan; ¿y quién puede afirmar que no superará al arte de épocas pasadas, igual que este último supera a los míseros vestigios que nos ha deparado la era del comercio?

Una palabra o dos sobre una objeción que a menudo se me ha hecho cuando he hablado de este tema. Puede decirse y a menudo se dice:

> «usted añora el arte de la Edad Media (lo cual es cierto), pero quienes lo crearon no eran libres, eran siervos o artesanos gremiales rodeados de flagrantes muros de restricciones comerciales; no tenían derechos políticos y eran impunemente explotados por la casta noble, sus señores.»

Bien, reconozco abiertamente que la opresión y la violencia de la Edad Media tuvieron su efecto en el arte de aquellos días, cuyas limitaciones pueden vincularse a ambas. Se reprimió el arte en varios sentidos, no lo dudo, y por esta razón sostengo que, cuando nos libremos de la opresión actual como nos libramos de la vieja, podremos confiar que el arte de los días de la verdadera libertad se alce por encima del de los viejos días violentos. Mas sí afirmo que entonces era posible tener un arte progresista social, orgánico y esperanzado, mientras que ahora los pobres jirones que de él quedan son resultado del esfuerzo individual y desperdiciado, son retrospectivos y pesimistas. Y este arte esperanzado era posible en medio de la opresión de aquellos días porque los instrumentos de opresión eran sumamente obvios y quedaban al margen del trabajo del artesano. Eran leyes y costumbres obviamente diseñadas para robarle y violencia flagrante como la de salteadores de caminos. En resumen, la producción industrial no era el instrumento que se usaba para robarle a la «clase baja»; ahora es el principal instrumento que se usa en esa honrada profesión.

El artesano medieval era libre en su trabajo, por ello lo hacía tan entretenido como podía y era su placer y no su dolor lo que hacía hermosas todas las cosas que se hacían y lujosos tesoros de la esperanza y el pensamiento humanos todo lo que hacía el hombre, desde una catedral a un cuenco de *porridge*.[1] Venga, digámoslo de la forma menos respetuosa con el artesano medieval y más cortés con la «mano» moderna: ¡pobre diablo del siglo XIV!, su trabajo tenía tan poco valor que se le permitía que malgastara horas en complacerse a sí mismo (y a otros), pero en el caso de nuestro desquiciado mecánico, sus minutos son demasiado valiosos por la carga del beneficio incesante como para que se le permita que malgaste uno sólo de ellos en arte; el sistema actual no le permitirá –no puede permitirle– crear obras de arte.

Así que ha surgido un extraño fenómeno, que ahora existe una clase de señoras y de caballeros, muy refinados en verdad, aunque quizás no tan informados como generalmente se supone, y hay muchos de esta clase refinada que de verdad aman la belleza y lo novedoso –es decir, el arte– y se sacrificarían por alcanzarlo. A estos los guían artistas de gran habilidad manual y elevado intelecto, conformando todos un grupo numeroso que demanda el producto. A pesar de todo, la oferta no llega. Sí, y además, este numeroso grupo de entusiastas compradores no es sólo gente pobre y desvalida, pescadores y agricultores ignorantes, monjes medio locos, atolondrados *sans-culottes*; en resumen, no son quienes con la expresión de sus necesidades tanto han perturbado el mundo antes y seguirán haciéndolo. No, son de las clases dominantes, los amos de hombres, que pueden vivir sin trabajar y poseen abundante tiempo libre para planificar el cumplimiento de sus deseos y, aún así, aseguro que no pueden tener el arte que tanto ansían, aunque lo busquen con ahínco por todo el mundo, sentimentalizando las vidas sórdidas de los desdichados campesinos de Italia y los hambrientos proletarios de sus

---

1. Gachas de avena, plato típicamente británico (n. del t.).

ciudades, ahora que los pobres diablos de nuestros campos y de nuestras barriadas han perdido todo pintoresquismo. En efecto, poco arte real queda en ningún lado y ese poco se está evaporando con rapidez ante las necesidades del fabricante y su harapiento regimiento de trabajadores y ante el entusiasmo del restaurador arqueológico del pasado muerto. Pronto no quedará nada salvo los falsos sueños de la historia, los míseros restos de nuestros museos y galerías de arte y los interiores cuidadosamente guardados de nuestros estéticos salones, irreales y ridículos, testigos idóneos de la vida de corrupción que continúa ahí, tan escasa, exigua y cobarde que encubre e ignora los deseos naturales en vez de controlarlos, y cuya codiciosa satisfacción no prohíbe si puede ocultarla debidamente.

Entonces el arte desaparece y ya no puede «restaurarse» a sus viejas formas como tampoco puede serlo una construcción medieval. Los ricos y refinados no pueden tenerlo aunque quieran y aunque nosotros creamos que muchos lo querrían. ¿Y por qué? Porque quienes podrían dárselo a los ricos no tienen permiso de los ricos para hacerlo. En una palabra, la esclavitud nos separa del arte.

He llegado a afirmar que la meta del arte era destruir la maldición del trabajo haciendo de él la satisfacción placentera de nuestro impulso hacia el vigor, proporcionándole a dicho vigor la esperanza de crear algo que haga que el esfuerzo merezca la pena.

Así pues, por tanto, afirmo que, dado que no podemos tener arte esforzándonos por conseguir su mera manifestación externa, dado que al hacer eso no podemos tener más que una imitación, aún nos queda por ver qué pasaría si dejáramos la apariencia al margen e intentáramos –si podemos– aferrarnos a la esencia. Por mi parte, creo que, si intentamos que se cumplan las metas del arte sin preocuparnos demasiado por cuál sea el aspecto del arte, descubriremos que al fin tenemos lo que queremos: se le llame arte o no, al menos estará *vivo* y, después de todo, esto es lo que queremos. Puede que nos lleve a un nuevo esplendor y belleza del arte visible: a una arquitectura de majestuosidad múltiple que no sea ni tan defectuosa ni tan incompleta como la de épocas anteriores; a una pintura que a la belleza que alcanzó el arte medieval incorpore el realismo al que aspira el arte moderno; a una escultura que, a la belleza de los griegos y la expresión del Renacimiento, incorpore una tercera cualidad aún por descubrir, de forma que nos proporcione imágenes de hombres y mujeres espléndidamente vivos, aunque no le impida ser –como debería toda verdadera escultura– adorno arquitectónico. Todo esto debería lograr el arte ya que, de no ser así, nos veríamos perdidos en un desierto y, entonces, parecería que el arte alrededor nuestro ha muerto o está luchando débil e inciertamente en un mundo que ha olvidado por completo sus viejas glorias.

Por mi parte, tal como el arte está ahora, no puedo hacerme a la idea de que importe mucho cuál de estas maldiciones le aguarda siempre que cada cual contenga una esperanza de lo que está por venir, pues en esta cuestión (como en otras) no hay esperanza salvo en la revolución. El arte antiguo ya no es fértil, ya no nos ofrece nada salvo lamentos elegantemente poéticos; al ser estéril, no tiene sino que morir y la cuestión candente ahora es –en lo relativo a cómo ha de morir– si *con* esperanza o *sin* ella.

¿Qué es, por ejemplo, lo que ha destruido la Rouen, el Oxford de *mi* elegante lamento poético? ¿Han perecido en beneficio de la gente, cediendo lentamente el paso al crecimiento de un cambio inteligente y una felicidad nueva o se han quedado (como quien dice) atónitos ante la tragedia que normalmente acompaña a un gran renacer? No ha sido así. Ni el falansterio ni la dinamita han eliminado su belleza, sus destructores no han sido ni el filántropo, ni el socialista, el cooperador o el anarquista. Se han vendido y a un precio ciertamente barato: aturdidos ante la avaricia e incompetencia de los lerdos que no saben lo que significan la vida y el placer, que ni los sentirán ni dejarán que otros los disfruten. Por eso nos hiere tanto la muerte de esa belleza: ningún hombre con sentido o sentimiento se atrevería a lamentar pérdidas tales si se hubieran visto compensadas con una vida y una felicidad nuevas para la gente. Mas aún existe gente como la de antes, que todavía se enfrenta a solas al monstruo que destruyó toda esa belleza y cuyo nombre es la ganancia económica.

Repito que cualquier brizna de arte verdadero sucumbirá igual si las cosas continúan así mucho tiempo, aunque puede que su lugar lo ocupe un arte falso que bien podrían desarrollar damas y refinados caballeros diletantes sin ninguna ayuda de los de abajo. Hablando con franqueza, me temo que este caótico espectro de lo auténtico satisfaría a no pocos de quienes ahora se consideran amantes del arte, aunque no resulta difícil vislumbrar una panorámica amplia de la degradación del arte hasta que finalmente se convierta en un puro hazmerreír, esto es, si las cosas continuasen así, me explico: si el arte fuera para siempre la distracción de aquellos a los que ahora llamamos damas y caballeros.

Mas por mi parte no creo que vayan a continuar mucho tiempo como para caer tan bajo. Aun así, yo sería un hipócrita si dijera que creo que el cambio básico de la sociedad –que le daría el voto a los obreros y haría a los hombres prácticamente iguales de condición– nos guía por un atajo hacia el espléndido renacer del arte al que me he referido. No obstante, estoy casi seguro de que no dejaría intacto lo que llamamos arte, pues las metas de dicha revolución sí incluyen las metas del arte, verbigracia, abolir la maldición sobre los obreros.

Supongo que esto es lo que probablemente ocurra, que continuará el desarrollo de la maquinaria con el fin de ahorrarles trabajo a los hombres hasta que las masas del pueblo consigan el suficiente ocio de verdad para poder apreciar el placer de vivir, hasta que, de hecho, hayan conseguido un dominio tal sobre la naturaleza que no teman morirse de hambre como castigo por no trabajar más que lo suficiente. Cuando lleguen a ese punto, sin duda cambiarán y empezarán a descubrir qué es lo que realmente quieren hacer. Pronto descubrirían que cuanto menos trabajo realicen (cuanto menos trabajo aislado del arte, me refiero), más deseable resultará la tierra como lugar para vivir; por consiguiente, trabajarían cada vez menos hasta que el estado del vigor –del que empecé hablando– los animara a seguir adelante de nuevo. Mas para aquel entonces la naturaleza, aliviada por la relajación del trabajo del hombre, estaría recobrando su antigua belleza y enseñando a los hombres la vieja historia del arte. Y como el hambre artificial –causada por hombres que trabajan en beneficio del patrón y a la que todos consideramos normal– hace tiempo que habría desaparecido, los hombres serían libres para hacer lo que quisieran y dejarían sus máquinas a un lado en todos los casos en que pareciera agradable o deseable hacer el trabajo a mano, hasta que en todos los oficios en que se requiriera crear belleza se buscara la comunicación más directa entre la mano del hombre y su cerebro. Igualmente, habría también tantas ocupaciones en el ejercicio de la agricultura (en la que el uso voluntario del vigor se consideraría tan delicioso) que la gente ni se plantearía ceder ese placer a las mandíbulas de una máquina.

En resumen, los hombres descubrirán que los hombres de nuestros días se equivocaban al multiplicar primero sus necesidades e intentar luego que cada hombre eluda toda implicación en los medios y procesos mediante los cuales se satisfacen esas necesidades. Este tipo de división del trabajo en realidad es una forma nueva y deliberada de ignorancia arrogante y perezosa, mucho más dañina para la felicidad y el gozo vital que la ignorancia de los procesos de la naturaleza –de lo que a veces llamamos *ciencia*–, con la que sin saberlo convivían los hombres del pasado.

Ellos descubrirán (o más bien redescubrirán) que el verdadero secreto de la felicidad reside en sentir un interés genuino por todos los detalles de la vida diaria, en ensalzarlos por medio del arte y en evitar que esclavos desatentos se hagan cargo de ellos y los ignoren. En los casos en que sea imposible ensalzarlos y hacerlos interesantes o aligerarlos mediante el uso de maquinaria para que hacerlos resulte insignificante, debería tomarse eso como indicio de que las supuestas ventajas conseguidas no compensarían el esfuerzo y de que más valdría renunciar a ellas. En mi opinión, todo esto sería el resultado de que los hombres se quitaran de encima la losa del hambre artificial suponiendo –como no puedo evitar suponer– que los impulsos que, desde los primeros albores de la historia, han animado a los hombres a dedicarse al arte aún les afectan.

Así y solamente así *puede* sobrevenir el renacer del arte y creo que sí sobrevendrá de esta forma. Quizás ustedes digan que es un proceso largo y lo es, pero se me ocurre uno más largo. Les he mostrado la visión socialista u optimista de la cuestión. Ahora la visión pesimista.

Se me ocurre que la revuelta contra el hambre artificial o el capitalismo, que ahora está en marcha, puede ser derrotada. El resultado será que la clase trabajadora (los esclavos de la sociedad) estará cada vez más degradada, que no luchará contra la fuerza abrumadora sino que, estimulada por el amor a la vida que la naturaleza (siempre ansiosa por la perpetuación de la raza) nos ha inculcado, aprenderá a soportarlo todo: la hambruna, el exceso de trabajo, la suciedad, la ignorancia, la brutalidad. Todo esto lo soportará igual que, ¡ay!, incluso ahora lo soporta con entereza, todo ello por no poner en peligro una vida dulce y un sustento amargo, así perderá todo atisbo de esperanza y de humanidad.

Tampoco saldrán mejor parados sus patrones: la superficie de la tierra será espantosa en todas partes, salvo en el inhabitable desierto; el arte perecerá por completo, tanto las artes manuales como la literatura, que se convertirá −como de hecho ya se está convirtiendo con rapidez− en una mera ristra de ineptitudes ordenadas y calculadas y de ingeniosidades carentes de pasión; la ciencia será cada vez más unilateral, más incompleta, más farragosa e inútil hasta que al fin se convierta en un montón tal de supersticiones que, a su lado, las teologías de antaño parezcan pura razón e ilustración. Todo caerá en picado hasta que los heroicos esfuerzos del pasado por cumplir las esperanzas de año en año, de siglo en siglo, se olviden por completo y el hombre sea un ser incalificable: sin esperanza, sin deseos, sin vida.

¿Y será posible librarse de esto? Quizás, puede que el hombre, después de algún terrible cataclismo, aprenda a esforzarse por alcanzar un animalismo saludable, puede que pase de ser un animal tolerable a un salvaje, de un salvaje a un bárbaro y así; y dentro de varios miles de años puede que una vez más inicie aquellas artes que ahora hemos perdido y que talle entrelazados como los neozelandeses o raye siluetas de animales en sus limpios huesos de la clavícula como los seres prehistóricos de nuestra evolución.

Mas en cualquier caso según la visión pesimista, en virtud de la cual la revuelta contra el hambre artificial no puede triunfar, caminaremos a pie en círculo penosamente hasta que algún accidente, alguna consecuencia imprevista del plan, nos ponga fin a todos.

No creo yo en dicho pesimismo ni, por otra parte, tampoco supongo que sea una mera cuestión de voluntad si vamos a promover el progreso humano o la degradación humana; con todo, puesto que hay quienes tienden a la visión socialista u optimista de las cosas, debo concluir que hay algo de esperanza en que prevalezca, que los esfuerzos agotadores de muchas personas implican que una fuerza les impele. Así que creo que las «metas del arte» se cumplirán, aunque sé que no será posible mientras nos lamentemos de la tiranía del hambre artificial. Una vez más les advierto (especialmente a quienes aman el arte) contra la suposición de que les resultará provechoso intentar revivificar el arte preocupándose de su aspecto externo, que está muerto. Sostengo que lo que ustedes deben buscar son *las metas del arte* y no *el arte mismo* y en dicha búsqueda puede que nos encontremos ante un mundo vacío y desnudo como resultado de preocuparnos tanto del arte que no soportemos sus imitaciones.

De todos modos, les pido que piensen conmigo que lo peor que nos puede ocurrir es que soportemos mansamente los males que vemos, que no haya ni problema ni desorden demasiado malo. Que la necesaria destrucción que la reconstrucción conlleva se haga con calma, que en todas partes –en el Estado, en la Iglesia, en el hogar– nos neguemos con firmeza a aguantar tiranía alguna, a aceptar mentira alguna, a acobardarnos ante miedo alguno, aunque puedan aparecérsenos disfrazados de piedad, obligación o afecto, de ocasión y afabilidad útiles, de prudencia o bondad. La dureza, la falsedad y la injusticia del mundo tendrán sus consecuencias naturales y nosotros y nuestras vidas formamos parte de esas consecuencias mas, dado que también heredamos las consecuencias de la resistencia antigua a esas maldiciones, ocupémonos todos de recibir la parte de esa herencia que también nos corresponde, la cual –si no otra cosa– al menos nos proporcionará valor y esperanza, es decir, una vida ilusionada mientras vivamos, que es por encima de todas las cosas la meta del arte.

Arte y socialismo (1884)*

Amigos míos: quiero que consideren la relación entre el arte y el comercio, usando esta última palabra para indicar lo que generalmente significa, es decir, ese sistema de competencia en el mercado que en verdad es la única forma que hoy día la mayoría de la gente supone que puede adoptar el comercio.

Pues mientras ha habido épocas en la historia del mundo en que el arte mantenía una supremacía sobre el comercio, en que el arte era mucho y el comercio –tal como entendemos la palabra– poco, así ahora, por el contrario, todos han de admitir que, supongo, el comercio ha adquirido gran importancia y el arte muy poca.

Afirmo que en general esto se admitirá, mas distinta gente tendrá distintas opiniones no sólo sobre si esto es bueno o malo, sino incluso sobre lo que implica el que digamos que el comercio ha adquirido gran importancia y que el arte se ha hundido para convertirse en una cuestión sin importancia.

Permítanme que les dé mi opinión acerca de lo que significa, lo cual me llevará a pedirles que consideren qué remedios deberían aplicarse para curar los males que existen en las relaciones entre el arte y el comercio.

---

* El tema de esta conferencia en la Leicester Secular Society es la alienación del trabajador en la sociedad industrial o, para expresarlo con las palabras de Morris, en el sistema competitivo comercialista. Este texto puede ser considerado un repaso general de su pensamiento, ahora y ya claramente desde la perspectiva marxista. Morris aún se dirigía aquí a las clases medias, a la gente de su condición, en un intento de presentarles el socialismo como un sistema de pensamiento viable y como la solución más adecuada y necesaria a los males de la época, incluso desde el punto de vista de las clases relativamente acomodadas (n. de la intr.).

Si les hablo con franqueza, me parece que la supremacía del comercio (tal como entendemos la palabra) es un mal y bastante grave; debería llamarlo un mal puro, si no fuera por la extraña continuidad de la vida que fluye por todos los hechos históricos y mediante la cual los males de tal o cual período tienden a abolirse por sí mismos.

Pues, en mi opinión, esto es lo que significa: que el mundo de la civilización moderna, en su prisa por obtener una prosperidad material desigualmente repartida, ha suprimido por completo el arte popular o, en otras palabras, que la mayoría de la gente no participa del arte, el cual –tal como están ahora las cosas– ha de conservarse en manos de unos cuantos ricos o de gente bien, que podríamos decir que lo necesitan menos y no más que los sufridos trabajadores.

Pero no es ese todo el mal ni el peor, pues la causa de este hambre de arte es que, mientras en todo el mundo civilizado la gente trabaja tan denodadamente como lo ha hecho siempre, ha perdido –al perder un arte que se hacía por y para el pueblo– el solaz natural de ese trabajo, un solaz que una vez tuvo y que debería tener siempre: la oportunidad de expresar sus propios pensamientos a sus semejantes mediante dicho trabajo, mediante ese trabajo diario que la naturaleza o el hábito prolongado (una segunda naturaleza) le exige de hecho, pero sin que ello implique que deba ser una carga repugnante y sin recompensa.

Mas debido a una ceguera extraña, a un error de la civilización en los últimos tiempos, el trabajo del mundo, casi todo él –el trabajo que de haberse compartido habría sido el útil compañero de todos los hombres– se ha convertido en una carga tal que todos los hombres, si pudieran, se librarían de él. He dicho que la gente trabaja no menos denodadamente de lo que antes lo hacía, mas debería haber dicho que trabaja más denodadamente.

Las maravillosas máquinas que en manos de hombres justos y previsores habrían sido usadas para reducir el trabajo repugnante y para proporcionar placer (o, en otras palabras, aumentar la vida) a la raza humana se han usado, por el contrario, de forma que han llevado a todos los hombres a una precipitación y una prisa frenéticas, destrozando de esa forma el placer, es decir, la vida, en todos lados; en vez de aliviar la tarea de los trabajadores, la han incrementado y de ese modo han añadido más cansancio aún al peso que los pobres tienen que sobrellevar.

No se puede alegar por parte del sistema de la civilización moderna que sus meros beneficios materiales o corporales compensan la pérdida de placer que le ha causado al mundo, pues, como antes dejé entrever, esos beneficios se han repartido de una forma tan injusta que el contraste entre ricos y pobres se ha incrementado terriblemente, de modo que en todos los países civilizados –pero sobre todo en Inglaterra– se exhibe el terrible espectáculo de dos pueblos que viven en calles y en puertas contiguas, pueblos de la misma sangre, la misma lengua y (al menos nominalmente) las mismas leyes, mas uno es civilizado y el otro incivilizado.

Todo esto, afirmo, es resultado del sistema que ha pisoteado al arte y ha ensalzado al comercio como a una religión sagrada e incluso parece dispuesto –con esa estupidez horrible que constituye su principal característica– a mofarse del autor satírico romano al invertir el sentido de su noble consejo y pedirnos a todos que «en atención a la vida destruyamos las razones para vivir.»

Y ahora, frente a esta tiranía estúpida, planteo una reivindicación en nombre del trabajo esclavizado por el comercio que sé que nadie en sus cabales podrá negar resulta razonable, aunque de llevarse a la práctica supondría un cambio tal que derrotaría al comercio, es decir, impondría la asociación en vez de la competición, el orden social en vez de la anarquía individualista.

Con todo, he tenido en cuenta esta reivindicación a la luz de la historia y de mi propia conciencia y al así hacerlo me parece una reivindicación de lo más justa y resistirse a ella no implica sino negar la esperanza de la civilización.

Esta es entonces la reivindicación: *Es justo y necesario que todos hombres realicen un trabajo que merezca la pena y que en sí mismo resulte agradable de hacer y que se realice en unas condiciones tales que no lo hagan ni agotador en exceso ni angustioso en exceso.*

Por mucho que piense en esta reivindicación, por más que me la plantee, no me llega a parecer que resulte una reivindicación exorbitante; mas de nuevo afirmo que si la sociedad la admitiera o pudiera hacerlo, cambiaría la faz del mundo, se pondría fin al descontento, la lucha y la falta de honradez. ¡Sentir que estábamos haciendo un trabajo que a otros les resulte útil y a nosotros agradable y que dicho trabajo y su recompensa debida no se nos *podían* acabar! ¡Qué grave daño podía ocurrirnos entonces? Y el precio a pagar por hacer el mundo feliz de esa manera es la revolución: socialismo en vez de *laissez-faire*.

¿Cómo podemos los de clase media ayudar a que acontezca tal realidad, una realidad que en la medida de lo posible sea la opuesta a la realidad actual?

La opuesta, nada menos que eso. Pues en primer lugar, *el trabajo debe merecer la pena*: ¡Piensen qué cambio implicaría esto en el mundo! Les digo que me aturde pensar en lo ingente que resulta el trabajo que se realiza para hacer cosas inútiles.

A cualquiera de nosotros que sea lo bastante fuerte le supondría un día de trabajo instructivo pasearse por dos o tres de las principales calles de Londres un día laborable y anotar cuidadosamente todo lo que hay en los escaparates que sea embarazoso o superfluo para la vida diaria de un hombre recto. Mas aún, la mayoría de esas cosas nadie –sea recto o no– las quiere en absoluto, sólo un hábito absurdo hace que hasta los más ágiles de mente de entre nosotros crean que las quieren y para mucha gente (incluso de quienes las compran) son claros estorbos para el trabajo, el pensamiento y el placer verdaderos. Mas les ruego que piensen en la cantidad enorme de hombres que se ocupan de este oropel patético: desde los ingenieros que han tenido que fabricar las máquinas para hacerlo hasta los desventurados oficinistas que año tras año se sientan todo el día en las horrendas guaridas donde se negocia al por mayor, los dependientes que (avergonzándose de sus almas) lo venden al por menor en medio de incontables insultos por los que no deben sentirse ofendidos, hasta el público ocioso que no lo quiere, pero lo compra para que le cause hastío y aburrimiento.

Me refiero sólo a cosas simplemente inútiles, mas hay otras que no sólo resultan inútiles, sino altamente destructivas y venenosas y alcanzan un buen precio en el mercado, por ejemplo, la comida y la bebida adulterada. Vasto es el número de esclavos a los que el comercio competitivo emplea para producir infamias como estas. Mas además de ellos hay una ingente masa de trabajo que simplemente se desperdicia, muchos miles de hombres y mujeres que no hacen *nada* con un esfuerzo terrible e inhumano que debilita el alma y acorta la propia vida animal.

Todos ellos son esclavos de lo que se denomina lujo, que, en el sentido moderno de la palabra, abarca mucha falsa riqueza (la invención del comercio competitivo) y esclaviza no sólo a gente pobre que se ve obligada a trabajar en su producción, sino también a gente insensata no demasiado feliz que la compra para atormentarse con este estorbo.

Ahora bien, si vamos a tener arte popular o arte de cualquier clase, debemos de una vez por todas eliminar este *lujo*, que suplanta al arte y es una mala copia; tanto es así que quienes no conocen nada mejor han llegado incluso a tomarlo por arte, el solaz divino del trabajo humano, lo poético en la dura práctica diaria del difícil arte de vivir.

Mas afirmo que el arte no puede vivir a su lado ni tampoco el respeto a uno mismo en cualquier clase de vida. El afeminamiento y la brutalidad le hacen compañía a derecha e izquierda. De esto, antes que nada, debemos librarnos quienes somos de clase pudiente si en verdad deseamos el renacer del arte y si no, entonces la corrupción está cavando una terrible fosa de perdición para la sociedad, de la que puede que en efecto surja el renacer, mas seguramente en medio del terror, la violencia y la miseria.

En efecto, si fuera posible que nosotros –la gente bien– nos libráramos de esta montaña de desperdicios, ello merecería la pena: cosas que todo el mundo sabe que no son de utilidad alguna, los propios capitalistas saben bien que no hay una demanda sana y real de ellas y se ven obligados a imponérselas al público alentando un extraño deseo febril de emociones nimias cuyo indicio externo se conoce con el nombre convencional de moda, un monstruo extraño nacido del vacío en la vida de los ricos y del afán del comercio competitivo por obtener el mayor rendimiento de la inmensa multitud de trabajadores a los que engendra como instrumentos ignorados para lo que se denomina hacer dinero.

No crean que es poca cosa resistirse a este monstruo de la locura; el que ustedes piensen por su cuenta en lo que de verdad desean no sólo les hará hombres y mujeres, sino puede que les lleve a pensar en los deseos respectivos de los demás pues, cuando ustedes lleguen a conocer una obra de arte, descubrirán que el trabajar como esclavos resulta *indeseable*.

Además, aquí hay un pequeño indicio por medio del cual distinguir entre un jirón de moda y una obra de arte: si cuando los juguetes de la moda pierden su barniz obviamente pierden todo su valor incluso para los frívolos, una obra de arte –por muy humilde que sea– goza de larga vida, nunca nos cansamos de ella; en tanto quede con vida un sólo ápice de ella resulta valiosa e instructiva para cada nueva generación. En definitiva, todas las obras de arte tienen la propiedad de volverse venerables en medio del declive y hay una buena razón para ello, pues desde un primer momento había en ellas alma, el pensamiento del hombre, que será visible en ellas mientras siga existiendo el cuerpo en el que fueron implantadas.

Y esta última frase me lleva a considerar el otro aspecto de la necesidad de que el trabajo sólo se ocupe de hacer objetos que merezca la pena hacer. Hasta ahora lo hemos planteado sólo desde el punto de vista de quien lo usa; incluso al verlo así resultaba bastante importante, pero desde el otro lado (el de quien lo produce) resulta mucho más importante todavía.

Pues de nuevo digo que al comprar estas cosas...
¡*Son vidas de hombres lo que ustedes compran!*

¿Van ustedes a hacerse partícipes por mera locura e irreflexión de la culpa de quienes obligan a sus semejantes a trabajar inútilmente?

Pues cuando he dicho que era necesario que todas las cosas que se hagan merezcan la pena hacerse planteé esa reivindicación principalmente en nombre del *trabajo*, dado que el desperdicio de hacer cosas inútiles aflige al trabajador por partida doble. Como parte del público, se le *obliga* a comprarlas y se le saca la mayoría de su ínfimo sueldo mediante un sistema universal de trueques. Como uno de los productores, se le *obliga* a hacerlas y a perder así la base misma de ese placer en el trabajo diario que yo reivindico como un derecho suyo de nacimiento. Se le exige trabajar sin gozar fabricando el veneno que el sistema de trueque le exige comprar. Así que a esta inmensa masa de hombres a los que por locura y por avaricia se les exige que hagan cosas dañinas e inútiles se les sacrifica por la sociedad. Afirmo que esto sería terrible e insoportable incluso aunque se les sacrificara en aras de la sociedad, si ello fuese posible; pero se les sacrifica no por el bienestar de la sociedad, sino por sus caprichos, para incrementar su degradación. ¿Qué aspecto tienen entonces el lujo y la moda? Por un lado, el desperdicio ruinoso y agotador va de corrupción en corrupción hasta derivar al fin en un completo cinismo y en la desintegración de toda la sociedad; por otro lado, una opresión implacable que destruye todo placer y esperanza de vida y que va –¿adónde?

He aquí entonces algo que los de clase media hemos de hacer antes de limpiar el terreno para el renacer del arte, antes de limpiar nuestras propias conciencias de la culpa de esclavizar a los hombres con el trabajo. Es una cosa y si nosotros *pudiésemos* hacerla quizás con esa cosa bastaría y todos los demás cambios vendrían después, ¿mas podemos hacerla? ¿Podemos escapar de la corrupción de la sociedad que nos amenaza? ¿Puede la clase media regenerarse a sí misma?

A primera vista se diría que un grupo de gente tan poderosa, que ha erigido el gigantesco edificio del comercio moderno, cuya ciencia, inventiva y energía han sometido a las fuerzas de la naturaleza para que sirvan a sus propósitos cotidianos y que dirige la organización que mantiene subyugados a esos poderes naturales de forma casi milagrosa, a primera vista se diría con total seguridad que un grupo tan poderoso de hombres acaudalados podría hacer lo que se le antojara.

Y sin embargo, lo dudo. Su propia creación, el comercio del que tan orgullosos están, se ha convertido en su patrón y todos los de la clase pudiente –algunos con un júbilo triunfante, algunos con una satisfacción pálida y otros con tristeza de corazón– nos vemos obligados a admitir que el comercio no fue hecho para el hombre, sino que el hombre fue hecho para el comercio.

Por todos lados se nos fuerza a admitirlo. En la clase media inglesa de hoy día hay por ejemplo hombres con las mayores aspiraciones artísticas y con una voluntad férrea, hombres que están profundamente convencidos de la necesidad de que la civilización rodee de belleza la vida humana y muchos hombres de menor importancia (miles por lo que yo sé), refinados y cultos, les siguen y alaban sus opiniones, mas tanto los que lideran como los que son liderados son incapaces de salvar ni tan siquiera a media docena de personas normales de las garras del comercio inexorable; a pesar de su cultura y su genio están tan desvalidos como si sólo fueran zapateros que trabajan en exceso. Menos afortunados que el rey Midas, nuestros verdes campos y claras aguas, mas aún, el mismo aire que respiramos, se han convertido, no en oro (lo cual nos habría complacido a algunos quizás durante una hora), sino en suciedad y, hablando claro, sabemos bastante bien que bajo el evangelio actual del capital no sólo no hay esperanza de mejorar, sino que las cosas empeoran año a año, día a día. Comamos y bebamos, que mañana moriremos –ahogados por la suciedad.

O permítanme darles un ejemplo de la esclavitud del comercio competitivo en que vivimos la desventurada gente de clase media. Les he exhortado a que dejen a un lado el lujo, a que se despojen de estorbos inútiles, a que simplifiquen su vida y no creo que sean pocos los que en este punto coincidirán plenamente conmigo. Bien, durante mucho tiempo he pensado que una de las circunstancias más repugnantes que penden de nuestro actual sistema de clases es la relación entre nosotros, los de clase acomodada, y nuestros sirvientes. Nosotros y nuestros sirvientes vivimos juntos bajo el mismo techo, pero somos poco más que unos extraños a pesar de la buena voluntad y los buenos sentimientos que tan a menudo se dan por ambas partes; mejor dicho, extraños es una palabra suave, aunque seamos de la misma sangre y nos rijamos por las mismas leyes, vivimos juntos como personas de tribus diferentes. Ahora piensen cómo afecta esto al llevar a cabo el trabajo diario en un hogar y si nuestras vidas pueden simplificarse mientras perdure tal sistema. Para no extenderme demasiado, quienes sean amas de casa saben perfectamente (como yo lo sé, pues he aprendido el útil arte de cocinar una cena) cómo se simplificaría el trabajo diario si las comidas principales se hicieran en común, si no tuviera que haber comidas dobles, una arriba y otra abajo. Y de nuevo, seguramente quienes pertenecemos al siglo de la educación no podemos ignorar qué educación supondría para los miembros menos refinados de una casa reunirse de forma relajada con los más refinados una vez al día por lo menos, fijarse en los elegantes modales de las señoras de buena educación, participar en una conversación con caballeros cultos que han viajado, con hombres de acción y de imaginación: créanme que esto sería mejor que la educación primaria.

Además, esta cuestión está muy próxima a nuestro tema del arte, pues observen, como muestra de la estupidez de nuestra civilización falsa, que a nuestras acomodadas casas se las obliga a ser absurdas madrigueras de conejos en vez de estar planificadas según el antiguo modelo racional que se usó desde la época de Homero hasta pasada la época de Chaucer: un salón grande, a saber, con unas habitaciones anexas en las que dormir o aislarnos de mal humor. No es raro que nuestras casas sean estrechas e innobles cuando las vidas que en ellas se viven también son estrechas e innobles.

Bien, ¿y por qué quienes hemos pensado en esto, como estoy seguro muchos hemos hecho, no cambiamos esta costumbre vil y mezquina, simplificando así nuestras vidas y educando a nuestros *amigos*, a cuyo esfuerzo tantas comodidades debemos? ¿Por qué ustedes –y yo– no nos ponemos mañana a hacer esto?

Porque *no podemos*, porque nuestros sirvientes no lo aceptarían sabiendo, como nosotros sabemos, que ambas partes serían más desgraciadas de esa manera.

¡La civilización del siglo XIX nos prohíbe compartir el refinamiento de una casa entre sus miembros!

Así que ya ven ustedes, si la gente de clase media pertenecemos a un pueblo poderoso, y en verdad es así, no estamos sino interpretando un papel que ha sido interpretado en muchos relatos de la historia del mundo: somos grandes mas desventurados, somos gente digna e importante que se muere de aburrimiento, hemos comprado nuestro poder y el precio ha sido nuestra libertad y nuestro placer.

Esto es lo que digo en respuesta a la pregunta ¿podemos alejar de nosotros el lujo y vivir unas vidas simples y decentes? Sí, cuando estemos libres de la esclavitud del comercio capitalista, mas no antes.

Seguramente hay entre ustedes quienes ansían ser libres, quienes han sido educados y refinados y han hecho que su percepción de la belleza y el orden se aviven sólo para poder sentirse conmovidos y heridos a cada instante por las brutalidades del comercio competitivo, a quienes este ha acosado y perseguido tanto que –aunque ustedes sean pudientes, puede incluso que ricos– no tienen ahora nada que perder con la revolución social. El amor al arte, es decir, al verdadero placer de vivir, les ha llevado a esto: a tener que unir su suerte a la del esclavo asalariado del comercio competitivo; ustedes y él deben ayudarse mutuamente y tener una esperanza común o de lo contrario vivirán y morirán sin ayuda ni esperanza. Ustedes que ansían ser liberados de la opresión de los desenterradores de dinero, ¡ansíen que llegue el día en que se les *obligue* a ser libres!

Mientras tanto, si por lo demás esa opresión apenas ha dejado trabajo alguno que merezca la pena hacer, al menos nos queda una cosa por la que luchar: elevar el nivel de vida donde esté peor o donde esté mal, ello será la piedra en el zapato del comercio competitivo.

Y tampoco puedo yo concebir nada que tenga más probabilidades de elevar el nivel de vida que convencer a miles de quienes viven gracias a su esfuerzo de la necesidad de que apoyen la segunda parte de la reivindicación que he planteado a favor del trabajo, esto: *que su trabajo debiera resultar agradable de hacer en sí mismo*. Si tan sólo pudiésemos convencerles de que una revolución laboral tan extraña como esta les reportaría infinitos beneficios no sólo a ellos, sino a todos los hombres, y de que resulta tan justa y natural que el caso contrario, que a la mayoría de los hombres el trabajo les resulte gravoso, es una mera monstruosidad de estos últimos tiempos que a la larga ha de acarrear la ruina y la confusión de la sociedad que lo permita. Si tan sólo pudiésemos convencerles, entonces sí que habría una oportunidad de que el sintagma *arte del pueblo* sea algo más que un mero sintagma.

Efectivamente, a primera vista parecería imposible lograr que hombres nacidos en el actual sistema de comercio comprendan que el trabajo puede ser una bendición para ellos, no en el sentido en que a veces les predican esa oración aquellos cuyo trabajo es liviano y fácil de evitar, no como una tarea necesaria que la naturaleza le ha impuesto a los pobres en beneficio de los ricos, no como un opio que embote su sentido de lo que es correcto e incorrecto para que se queden sentados tranquilamente con sus cargas hasta el fin de los tiempos, bendiciendo al hacendado y a su familia. Todo esto podrían entender dichos hombres que se lo dijéramos con bastante facilidad y a veces lo oirían con una muestra de complacencia al menos, me temo, si creyeran que de esa manera podían sacar algo de nosotros. Mas la verdadera doctrina de que el trabajo en sí mismo debiera resultar una bendición real y tangible para el trabajador, un placer incluso como lo son ahora el sueño o las bebidas fuertes, dicha doctrina le resultaría muy difícil de entender al ser tan diferente de todo lo que él ha visto que es el trabajo.

No obstante, pese a que la mayoría del trabajo del hombre sólo se soporta como un mal necesario como la enfermedad, mi experiencia en este sentido es que, ya sea debido a una cierta sacralidad que se adhiere al trabajo manual hasta en las peores circunstancias, o ya sea debido a que por necesidad ha de ocuparse de cosas que resultan terriblemente reales, si es que llega a plantearse esas cuestiones, el hombre pobre piensa de forma menos convencional que el rico. Dejando a un lado cualquier palabra trivial mía, me ha sorprendido encontrar, por ejemplo, un sentimiento tan cordial por John Ruskin en públicos de clase trabajadora; ellos consiguen ver en él al profeta en vez de al retórico fantástico como le ocurre a públicos más refinados.

Esto es un buen augurio, creo, de la educación de los tiempos venideros. Mas los que de algún modo estamos tan marcados por el cinismo debido a nuestra impotencia en el mundo vulgar que nos rodea y oprime, ¿acaso no podemos elevar de alguna manera nuestras esperanzas, al menos hasta el extremo de pensar que la esperanza que brilla en los millones de esclavos del comercio es algo mejor que una mera ilusión, el falso amanecer de una medianoche nublada contra la que sólo lucha la luna? Recordemos que aún quedan monumentos en el mundo que nos enseñan que todo el trabajo humano no siempre supuso una aflicción y una carga para los hombres. Pensemos en la arquitectura hermosa y poderosa, por ejemplo, de la Europa medieval, en las construcciones erigidas antes de que el comercio hubiera puesto la piedra de albardilla en el edificio de la tiranía al descubrir que la fantasía, la imaginación, el sentimiento, el puro gozo de la creación y la esperanza de una fama justa son artículos de valor comercial demasiado preciados como para dejárselos a hombres que no poseen dinero para comprarlos, a meros artesanos y jornaleros. Recordemos que hubo un tiempo en que los hombres sentían placer en su trabajo diario mas, a pesar de todo, en otras cuestiones ansiaban la luz y la libertad tanto como ahora. Su tenue esperanza se volvió más brillante y veían que parecía que su cumplimiento se acercaba cada vez más y la contemplaban tan ansiosamente que no se dieron cuenta de cómo el enemigo que siempre está al acecho, la opresión, había mudado de forma y les estaba robando lo que ya habían conseguido en los días en que la luz de su nueva esperanza no era más que un débil destello. De esta forma, perdieron su vieja ganancia y, al perderla, la nueva ganancia se la cambiaron y estropearon, convirtiéndola en algo no mucho mejor que una pérdida.

Entre la época en que ahora vivimos y el final de la Edad Media, Europa ha conseguido libertad de pensamiento, mayor conocimiento y un enorme talento para ocuparse de las fuerzas materiales de la naturaleza, además de una relativa libertad política y respeto por las vidas de los hombres civilizados y otros avances parejos. No obstante, afirmo de forma deliberada que si el actual estado de la sociedad va a perdurar, ha pagado por estos avances un precio demasiado elevado con la pérdida del placer en el trabajo diario que una vez sí que en verdad consoló los miedos y las opresiones de muchos hombres. La muerte del arte fue un precio demasiado elevado que pagar a cambio de la prosperidad material de la clase media.

Ciertamente resultó doloroso que no pudiésemos tener ambas manos llenas, que nos viésemos forzados a derramar algo de una mientras recogíamos algo con la otra; con todo, en mi opinión más doloroso aún resulta no ser conscientes de la pérdida o, siendo vagamente conscientes de ella, tener que forzarnos nosotros mismos a olvidarla y a gritar en voz alta que todo va bien.

Pues, aunque no todo vaya bien, yo sé que la naturaleza del hombre no ha cambiado tanto en tres siglos como para que podamos decirle a todos los miles de años que les precedieron: ustedes se equivocaron al apreciar el arte y ahora nosotros hemos descubierto que todo lo que los hombres necesitan es comida, vestimenta y cobijo, además de unas nociones básicas sobre la forma material del universo. La creación ya no es una necesidad del alma del hombre, cuya mano derecha puede que olvide su astucia sin que él empeore nada por ello.

Trescientos años (un día en el transcurrir de las épocas) no han cambiado la naturaleza del hombre del todo, estén seguros de ello; algún día recuperaremos el arte, es decir, el placer de vivir, recuperaremos de nuevo el arte para nuestro trabajo diario. ¿Dónde está entonces la esperanza? quizás digan ustedes, ¡muéstrenosla!

La esperanza se halla ahí donde la de antaño nos defraudó. Renunciamos al arte por lo que creíamos que era luz y libertad, mas no fue luz y libertad lo que compramos ni mucho menos: la luz le mostró muchas cosas a los de clase acomodada que se tomaron la molestia de buscarlas, la libertad dejó a los acomodados bastante margen si se tomaban la molestia de usar su libertad, pero, en el mejor de los casos, eran pocos. A la mayoría de los hombres la luz les mostró que no necesitaban seguir buscando una esperanza y la libertad dejó libres a la mayoría de los hombres –para aceptar el trabajo de esclavos que más próximo estuviera a cambio de un sueldo miserable o para morirse de hambre.

Ahí radica nuestra esperanza, aseguro. Si el negocio hubiera sido del todo justo, totalmente completo, entonces lo único que se podía hacer no era más que enterrar el arte y olvidar la belleza de la vida, mas ahora la causa del arte tiene algo más a lo que apelar: nada menos que la esperanza de la gente en una vida feliz que aún no les ha sido concedida. Ahí radica nuestra esperanza, la causa del arte es la causa del pueblo.

¡Piensen en un instante de la historia y tengan luego esperanza! Una época hubo en que el dominio de Roma controlaba todo el mundo civilizado con su abrazo venenoso. Según todos los hombres —hasta los mejores, como pueden ustedes ver en los propios evangelios— aquel dominio parecía condenado a durar para siempre y según quienes moraban en él no había más allá otro mundo que mereciera la pena. Pero los días pasaron y, aunque nadie percibió la sombra del cambio venidero, llegó de todos modos (cual ladrón por la noche) y los bárbaros, el mundo que existía fuera del dominio de Roma, se apoderaron de ella y los hombres, ciegos de terror, lamentaron el cambio y consideraron que el mundo había sido desarbolado por la furia del norte. Pero incluso esa furia trajo consigo cosas que hacía mucho no se veían en Roma y que una vez habían constituido el sustento del que se alimentaba su gloria: el odio a la mentira, el desdén de las riquezas, el desprecio a la muerte, la fe en la fama justa conseguida mediante la resistencia tenaz, el amor honrado a las mujeres; todas estas cosas las trajo consigo la furia del norte igual que el torrente de la montaña trae oro y así Roma cayó y Europa ascendió y la esperanza del mundo volvió a nacer.

Para quienes tengan un corazón comprensivo este relato del pasado es una parábola de los días venideros, del cambio que nos aguarda oculto en el seno del barbarismo de la civilización: el proletariado. Y a nosotros los de clase media —la del potente pero monstruoso sistema del comercio competitivo— nos corresponde limpiar nuestras almas de avaricia y cobardía, enfrentarnos al cambio que ahora una vez más está de camino y percibir el bien y la esperanza que trae consigo en medio de todas sus amenazas de violencia y toda su fealdad, que no surgió de sí misma, sino de lo que está condenado a destruir.

Ahora bien, una vez más afirmaré que las clases acomodadas, quienes amamos el arte no como un juguete sino como algo necesario en la vida del hombre, como una muestra de su felicidad y libertad, la mejor misión que tenemos es elevar el nivel de vida del pueblo o, en otras palabras, lograr la reivindicación del trabajo que he planteado y que ahora presento de distinta forma para que intentemos percibir qué es lo que mayormente nos impide hacer realidad esa reivindicación y cuáles son los enemigos a combatir. De este modo planteo de nuevo mi reivindicación:

El trabajo humano no debería hacer nada que no merezca la pena hacerse o que deba hacerse con un trabajo que degrade a quienes lo hacen.

Simple como esta proposición resulta, y lógicamente acertada como estoy seguro les debe parecer a ustedes, descubrirán cuando se pongan a considerar el asunto que supone un desafío directo que propugna la muerte del actual sistema de trabajo de los países civilizados. Este sistema, al que yo he denominado comercio competitivo, es claramente un sistema de guerra, esto es, de derroche y destrucción, o si quieren pueden ustedes llamarlo un juego cuya esencia consiste en que lo que un hombre gana lo gana a expensas de lo que otro hombre pierde. Tal sistema ni presta ni puede prestar atención a si las cosas que hace merecen la pena, ni presta ni puede prestar atención a si su trabajo degrada a quienes las hacen; sólo presta atención a nada más que una sola cosa, a saber, lo que denomina obtener beneficios, una palabra que ha llegado a usarse de forma tan convencional que debo explicarles lo que en realidad significa, esto es, ¡que los ricos saqueen a los débiles! Pues a este sistema aseguro que le es inherente destruir la naturaleza, es decir, la felicidad de vivir. Cualquier consideración que se muestre por la vida de la gente en esta época, cualquier cosa que se haga que merezca la pena hacerse, se hace a pesar del sistema y en contra de sus máximas y muy cierto es que nosotros, todos nosotros, al menos tácitamente, admitimos que se opone a todas las mayores aspiraciones de la humanidad.

¿Acaso no sabemos, por ejemplo, cómo trabajan esos hombres de ingenio que son la sal de la tierra, sin los cuales la corrupción de la sociedad hace ya tiempo que se habría vuelto insoportable? El poeta, el artista o el hombre de ciencia, ¿no es cierto que en sus días iniciales y gloriosos, cuando están en el apogeo de su fe y entusiasmo, se ven frustrados a cada paso por la guerra comercial y su desdeñoso interrogante: «dará dinero»? ¿No es cierto que cuando empiezan a conseguir un éxito mundano, cuando se vuelven comparativamente ricos, nos parece a pesar nuestra que les ha viciado el contacto con el mundo comercial?

¿Necesito acaso referirme a los grandes proyectos que permanecen en el olvido, a las cosas que resulta tan necesario hacer –y así lo reconocen todos los hombres– que nadie puede realmente llevarlas a cabo por falta de dinero? Mientras si se trata de crear o estimular algún capricho absurdo en la mente del público cuya realización generará beneficios, entonces sí que habrá dinero a espuertas. Más aún, ustedes saben cuán vieja es la historia de las guerras que el comercio origina en su busca de nuevos mercados y a las que ni siquiera los estadistas más pacíficos se pueden resistir; una vieja historia que todavía parece siempre nueva y que ahora se ha convertido en una especie de broma macabra de la que preferiría no reírme si pudiera evitarlo, mas mi alma cargada de cólera me obliga a reírme.

¿Y todo ese dominio sobre los poderes de la naturaleza que los cien últimos años o menos nos han otorgado, qué ha hecho por nosotros en este sistema? En opinión de John Stuart Mill,[1] era dudoso que todos los inventos mecánicos de la era moderna hayan hecho nada para aliviar el esfuerzo del trabajo; estén seguros de que no existe duda alguna que no fueron hechos para ese fin, sino para «obtener beneficios». Esas máquinas casi milagrosas, de haber sido hechas con una previsión ordenada, podrían estar ahora incluso eliminando con rapidez todo el trabajo molesto y falto de inteligencia, dejándonos libres para elevar el nivel de destreza manual y de energía mental de nuestros trabajadores y para producir de nuevo esa delicia y ese orden que sólo la mano del hombre guiada por su alma puede producir, ¿qué es lo que han hecho ahora por nosotros? El mundo civilizado se enorgullece tanto de esas máquinas, ¿acaso tiene derecho alguno a enorgullecerse del uso que la guerra y el derroche comercial han hecho de ellas?

---

1. John Stuart Mill (1806-1873). Relevante político y pensador británico, autor de obras de talante reformista como Sobre la libertad (1859) o El sometimiento de la mujer (1869) (n. del t.).

No creo que haya aquí razón para el júbilo: la guerra comercial ha obtenido beneficios de estas maravillas, es decir, gracias a ellas ha generado para sí millones de trabajadores infelices (máquinas sin inteligencia en lo que a su trabajo diario respecta) para conseguir mano de obra barata, para continuar para siempre con su juego apasionante aunque mortal. En efecto, esa mano de obra habría resultado bastante barata –barata para los generales de la guerra comercial y mortalmente cara para los demás– de no haber sido por las semillas de libertad que hombres valientes de antaño sembraron entre nosotros y que están brotando en nuestra propia época en el cartismo,[2] el sindicalismo y el socialismo para defender el orden y una vida decente. Terrible habría sido nuestra esclavitud –y no sólo la de la clase trabajadora– de no haber sido por estos gérmenes del cambio que ha de acontecer.

Incluso siendo como es, merced a la aglomeración insensata de operarios de máquinas y de sus ayudantes en las grandes ciudades y los distritos fabriles, la guerra comercial ha mantenido el entorno de nuestras vidas en un nivel bajo y lo mantiene en un nivel miserablemente bajo, tan bajo que hasta cuesta pensar en posibilidad alguna de mejora. Por medio de las veloces comunicaciones que ha creado y que deberían haber elevado el nivel de vida, divulgando inteligencia desde la ciudad al campo y creando por doquier modestos centros de libertad de pensamiento y de hábitos de cultura, por medio del ferrocarril y similares, la guerra comercial ha reunido nuevos reclutas para el ejército de reservistas formado por muertos de hambre de los que tanto dependen sus ganancias especuladoras, despojando al campo de población y eliminando toda esperanza y vida razonable en las ciudades más pequeñas.

Tampoco puedo yo, un artista, dejar de pensar en los efectos externos que presagia este dominio de la anarquía miserable de la guerra comercial. Piensen en la creciente úlcera de Londres tragándose de forma repugnante el campo, el bosque y el brezal sin piedad y sin esperanza, burlándose de nuestros débiles esfuerzos por ocuparnos hasta

---

2. Movimiento político surgido en Inglaterra entre 1838 y 1848, una de cuyas reivindicaciones básicas era la concesión del derecho al voto al sector masculino de la clase trabajadora (n. del t.).

de males menores suyos como un cielo cargado de humo y un río contaminado; el horror negro y la excesiva suciedad de nuestros distritos fabriles, tan horrendos para los sentidos que están tan poco acostumbrados a ellos que resulta ominoso para el futuro de la raza que un hombre pueda vivir allí con una mínima alegría. Más aún, en el propio campo abierto el apartar las chapuzas miserables de ladrillo y pizarra de las sólidas viviendas de color gris que todavía quedan esparcidas, emblemas adecuados con su sencillez desenfadada pero hermosa del campesino del prado inglés, cuya destrucción a manos de la entonces aún joven guerra comercial lamentaron de forma tan conmovedora el magnánimo Moro y el esforzado Latimer. Por todas partes, en resumen, el cambio de lo viejo a lo nuevo conlleva una certeza, aunque se dude de todo lo demás: el empeoramiento del aspecto del país.

Esta es la condición de Inglaterra: de Inglaterra el país del orden, la paz y la estabilidad, la tierra del sentido común y el sentido práctico, el país al que miran los ojos de todos cuya esperanza es que el progreso moderno continúe y se perfeccione. Hay países en Europa cuyo aspecto no es tan ruinoso externamente, aunque puedan tener menos prosperidad material, una riqueza de la clase media menos extendida para compensar la miseria y la ignominia que he mencionado: pero si son miembros del gran conjunto comercial, por el mismo aro han de pasar, a menos que ocurra algo que desvíe la marcha triunfal de la guerra comercial antes de que llegue a su fin.

Esto es lo que tres siglos de comercio han logrado: la esperanza que surgió cuando el feudalismo empezó a hacerse añicos. ¿Qué puede proporcionarnos el amanecer de una nueva esperanza? ¿Qué salvo una revuelta general contra la tiranía de la guerra comercial? Los paliativos de los que mucha gente digna se ocupa resultan ahora inútiles porque no son más que revueltas parciales mal organizadas contra una organización vasta, codiciosa y extendida que –con el instinto inconsciente de una planta– hará frente a todo intento por mejorar la condición del pueblo con un ataque en un flanco nuevo, máquinas nuevas, mercados nuevos, emigración a gran escala, el renacer de supersticiones serviles, sermones sobre la frugalidad para los muertos de hambre, sobre la templanza para los desgraciados. Cosas tales como estas impedirán a cada paso todas las revueltas parciales contra el monstruo que los de clase media hemos creado para nuestra propia perdición.

Hablaré muy claramente de este asunto, aunque al final tenga que decir una palabra incómoda si he de decir lo que pienso. Lo que hay que hacer es lograr que la gente de aquí y de allí piense que es posible elevar el nivel de vida. Si ustedes piensan en ello, verán con claridad que esto implica fomentar *el descontento general*.

Y ahora para ilustrar esto, retomo mi reivindicación conjunta sobre el arte y el trabajo para poder ocuparme de su tercera cláusula; aquí está de nuevo la reivindicación:

Es justo y necesario que todos los hombres tengan trabajo que hacer.

Primero: Trabajo que merezca la pena hacer.

Segundo: Trabajo que de por sí resulte agradable de hacer.

Tercero: Trabajo hecho en unas condiciones tales que no resulte ni agotador en exceso ni angustioso en exceso.

De la primera y la segunda cláusulas, que están muy relacionadas entre sí, ya he intentado ocuparme; son –como si dijéramos– el alma de la reivindicación de un trabajo apropiado. La tercera cláusula es el cuerpo sin el cual ese alma no puede existir. La ampliaré de una manera que de hecho nos llevará en parte a cuestiones que ya hemos abordado:

Nadie que esté dispuesto a trabajar debería nunca temer la falta de un empleo tal que le proporcionara todas las necesidades que precisen el cuerpo y el alma.

Todas las necesidades precisas, ¿cuáles son las necesidades precisas de un buen ciudadano?

Primero, *trabajo honroso y digno*, lo cual implicaría darle la oportunidad de adquirir capacidad para su trabajo mediante la educación adecuada; también, dado que el trabajo debe ser digno de hacer y resultar agradable, se creará necesario a este fin que su posición le esté tan asegurada que no se vea obligado a hacer trabajo inútil o trabajo que no resulte de su agrado.

La segunda necesidad oportuna es *un entorno decente* que incluya a) buen alojamiento, b) espacios amplios, c) orden y belleza generalizados. Es decir a) nuestras casas deben ser buenas construcciones, limpias y saludables; b) debe haber abundantes espacios verdes en nuestras ciudades y nuestras ciudades no deben devorar ni los prados ni los rasgos naturales del campo. Más aún, pido incluso que se dejen lugares vacíos y bosques o la poesía y lo romántico –es decir, el arte– morirán entre nosotros; c) orden y belleza no sólo significan que nuestras casas deban ser construidas de forma sólida y adecuada, sino también que se las adorne debidamente, que los prados no queden sólo para cultivo, sino también que no se los estropee más de lo que se estropea un jardín; por ejemplo, que no se permita a nadie talar –sólo por mero beneficio– árboles cuya pérdida estropearía un paisaje, ni bajo ningún pretexto se permita a la gente oscurecer con humo la luz del día, ensuciar ríos o degradar cualquier rincón de la tierra con basura asquerosa o con un desorden brutal y derrochador.

La tercera necesidad es *tiempo libre*. Comprenderán ustedes que al usar esa palabra doy a entender primero que todos los hombres deben trabajar parte del día y, segundo, que tienen un derecho fundado a exigir descanso de ese trabajo; el tiempo libre que tienen derecho a pedir debe ser lo bastante amplio como para que les permita un descanso completo del cuerpo y la mente; un hombre ha de tener tiempo para el pensamiento individual profundo, para la imaginación –para soñar incluso– o la raza humana inevitablemente irá a peor. Incluso de ese trabajo honrado y adecuado del que he estado hablando, que es un paraíso en sí mismo aislado del trabajo forzoso del sistema capitalista, no se le debe exigir a un hombre más de lo que por justicia le corresponde o los hombres se desarrollarán de forma desigual y seguirá habiendo podredumbre en la sociedad.

Aquí, por tanto, les he expuesto las condiciones en las que se puede hacer un trabajo que merezca la pena hacer y que no resulte degradante. En otras condiciones no se puede hacer. Si el trabajo en general del mundo no merece la pena y resulta degradante, entonces es una burla hablar de civilización.

Bien, ¿se pueden lograr entonces estas condiciones al amparo del evangelio actual del capital, cuyo lema es «sálvese quien pueda»?

Veamos de nuevo nuestra reivindicación con otras palabras:

En un estado social debidamente ordenado a todo hombre que esté dispuesto a trabajar se le deben garantizar:

Primero: Trabajo honrado y adecuado.

Segundo: Una casa hermosa y saludable.

Tercero: Tiempo libre completo para el descanso del cuerpo y de la mente.

Ahora bien, supongo que nadie aquí negará que sería deseable que esta reivindicación se cumpliera, mas quiero que todos piensen que resulta *necesario* cumplirla, que a menos que hagamos todo lo posible por cumplirla, no somos sino arte y parte de una sociedad fundada en el robo y la injusticia, condenada por las leyes del universo a destruir sus propios esfuerzos por existir para siempre. Además, quiero que piensen que, mientras por un lado es posible cumplir esta reivindicación, por otro es imposible cumplirla al amparo del actual sistema plutocrático, que incluso nos prohibirá cualquier intento serio de cumplirla; los comienzos de la revolución social deben ser los cimientos de la re-construcción del arte del pueblo, es decir, del placer de vivir.

De nuevo hay que decir palabras incómodas. ¿Acaso no *sabemos* que la mayor parte de los hombres en las sociedades civilizadas son sucios, ignorantes, brutales o, como mucho, que están ansiosos por el sustento de la semana siguiente, que en resumen son *pobres*? Y, cuando pensamos en ello, sabemos que es injusto.

Vieja es la historia de los hombres que se han vuelto ricos por medios deshonestos y tiránicos, que por miedo al futuro gastan las ganancias que han logrado de forma ilícita generosamente y en obras de caridad, como se las llama y a dichas personas no se las ensalza; en las viejas historias se cree que el diablo los atrapa a la postre. Una vieja historia, mas yo digo «*de te fabula*», ¡a *usted* se refiere la historia, *usted* es el hombre!

Afirmo que los de clase rica y acomodada hacemos lo mismo a diario: de forma inconsciente o quizás semi-inconsciente acumulamos riqueza comerciando con las duras necesidades de nuestros semejantes y luego les damos una migajas a quienes más nos gritan de una u otra forma. Nuestras leyes sobre la pobreza, nuestros hospitales, nuestras sociedades benéficas –estén o no organizados, no son más que barricas que se le arrojan a la ballena, un chantaje que se le paga a una justicia renqueante para que no venga cojeando detrás nuestra demasiado rápido.

¿Cuando llegará el momento en que los hombres honestos y clarividentes se hastíen de todo este caos de despilfarro, de este robarle a Pedro para pagarle a Pablo que constituye la esencia de la guerra comercial? ¿Cuándo nos uniremos todos para sustituir este sistema cuyo lema es «sálvese quien pueda» por uno cuyo lema realmente y sin reservas sea «todos para uno y uno para todos»?

¿Quién sabe si ese momento puede que esté próximo, si quienes ahora vivimos quizás presenciemos el comienzo de ese final que extinguirá el lujo y la pobreza, cuando la clase alta, la media y la baja se fundan en una sola viviendo alegre una vida sencilla y feliz?

Muy larga resulta esa frase para describir el estado de cosas que les estoy pidiendo me ayuden a conseguir: la abolición de la esclavitud es más breve y significa lo mismo. Puede que por un lado ustedes sientan la tentación de creer que no merece la pena esforzarse por este fin o por otro que supongan (cada uno de ustedes) que está tan lejano que, en verdad, no se puede hacer nada a ese respecto en nuestra propia época y que, por consiguiente, ustedes pueden sentarse tranquilamente sin hacer nada. Permítanme recordarles cómo hace muy poco, cuando los aquí presentes éramos jóvenes, muchos miles de hombres de nuestras propias familias dieron su vida en el campo de batalla para poner un broche de oro a un mero episodio en la lucha por abolir la esclavitud: ellos son felices y benditos, pues les llegó una oportunidad y supieron aprovecharla al máximo y el mundo ha mejorado gracias a ello. ¿Si se nos ofrece dicha oportunidad, vamos a apartarla de nuestro lado para poder seguir sentados en paz con nuestro cuerpo, pero dubitativos y con el alma enferma? Son estos días para combatir: ¿quién puede ponerlo en duda mientras a su alrededor escucha los sonidos que presagian el descontento y la esperanza por todos lados, los sonidos del despertar del valor y de la conciencia? Estos, afirmo, son días para combatir, cuando no hay paz externa posible para un hombre honrado cuando, por esa misma razón, resulta más fácil conseguir la paz interna de una buena conciencia que se basa en convicciones firmes, dado que se nos incita a actuar por la causa.

¿O acaso dirán ustedes que aquí, en este país tranquilo y gobernado por una constitución como Inglaterra, no se nos incita a actuar? Si estuviéramos en la amordazada Alemania, en la amordazada Austria, en Rusia, donde una o dos palabras pueden enviarnos a Siberia o a la prisión o fortaleza de Pedro y Pablo –entonces claro que no se nos incitaría.

¡Ah, amigos míos, en verdad resulta una pobre ofrenda que ofrecer en las tumbas de los mártires de la libertad esta negativa a recibir la antorcha de sus agonizantes manos! ¿No es de Goethe de quien se dice que al oír que alguien se iba a América a empezar su vida de nuevo le contestó: «América está aquí o no está en ninguna parte»? Así que por mi parte yo digo: «Rusia está aquí o no está en ninguna parte».

Decir que las clases gobernantes de Inglaterra no están asustadas de la libertad de expresión, *por tanto* abstengámonos de expresarnos con libertad, me resulta una extraña paradoja. Por el contrario, abrámonos paso a través de la brecha que hombres valientes nos han abierto; si nos quedamos rezagados hacemos que su esfuerzo, su sufrimiento y su muerte carezcan de todo sentido.

Créanme que se nos mostrará que esto es todo o nada, ¿o alguien aquí me va a decir que la situación de un *mujik*[3] es peor que la de un sastre sudoroso esclavo de su salario? No nos engañemos, la clase de las víctimas existe aquí tanto como en Rusia. ¿Acaso hay menos? Puede ser, mas entonces están más desvalidos y por tanto tienen mayor necesidad de nuestra ayuda.

¿Y cómo podemos los de clase media, nosotros los capitalistas y nuestros parásitos, ayudarles? Renunciando a nuestra clase y siempre que surja el antagonismo de clases ponernos del lado de las víctimas, de quienes en el mejor de los casos están condenados a carecer de educación, refinamiento, placer y renombre y, en el peor, a una vida inferior a la del más brutal de los salvajes para que perdure el sistema del comercio competitivo.

No existe hoy otro camino y este camino (se lo digo claramente) nos proporcionará a la larga muchas ocasiones para sacrificarnos sin tener que ir a Rusia. Estoy seguro de que en esta concurrencia hay quienes se hallan harto descontentos con la miserable anarquía del siglo del comercio; a ellos les ofrezco un medio de renunciar a su clase apoyando la propaganda socialista al afiliarse a la Democratic Federation, que tengo el honor de representar ante ustedes y que estimo es el único organismo en este país que propone el socialismo constructivo como programa.

---

3. Mujik: campesino de la ruso (n. del t.).

Esta es, en mi opinión, una buena oportunidad para quienes estamos descontentos con el actual estado de las cosas y ansiamos una oportunidad para renunciar a él, y es muy cierto que, al aceptar la oportunidad, ustedes tendrán que sufrir de inmediato algunos de los inconvenientes del martirio, aunque sin alcanzar de momento su dignidad. Como mínimo, se reirán y burlarán de ustedes aquellos cuya burla es una insignia de honor para un hombre honrado, pero los mirarán con frialdad (no lo pongo en duda) muchas personas excelentes, de las cuales no *todas* serán completamente estúpidas. Correrán ustedes el riesgo de perder posición, reputación, dinero, amigos incluso; pérdidas que ciertamente son molestias diminutas comparadas con el grave martirio del que he hablado, pero que de todas formas ponen a prueba de qué está hecho un hombre, mucho más cuando puede escapar de ellas con poco más que algún reproche de cobardía que su propia conciencia le grite.

Tampoco puedo yo asegurarles que vayan a escapar siempre ilesos de los ataques de la tiranía manifiesta. Cierto es que en la actualidad la sociedad capitalista de Inglaterra sólo mira al socialismo con sonrisas irónicas. Mas recuerden que el grupo de personas que, por ejemplo, ha asolado la India, matado de hambre y amordazado a Irlanda y torturado a Egipto posee aptitudes –de las que últimamente ha dado muestras ominosas– para imitar sin pudor a tiranos más próximos.

Así que en todo caso les puedo ofrecer una postura que implica sacrificio, una postura que les proporcionará a ustedes su «América» en casa y les hará tener la seguridad interna de que, al menos, resultan de alguna utilidad para la causa. ¡Y de corazón les ruego a quienes estén convencidos de la justicia de nuestra causa que no se queden rezagados al participar activamente en una lucha que –sean quienes fueren los que nos ayuden o los que se abstengan de ayudar– debe, sin duda alguna, culminar al fin en la victoria!

Alfonfra *Hammersmith*, hacia 1890.

El renacimiento de la arquitectura (1888)*

Entre la gente culta en la actualidad hay un gran interés sincero o fingido por las artes ornamentales y su porvenir. Dado que todas estas artes casi dependen del arte mayor de la arquitectura para su existencia y no pueden gozar de buena salud si esta cae enferma, puede que merezca la pena considerar cuál es la condición de la arquitectura en este país, si tenemos o no un estilo actual que pueda reclamar una dignidad y una belleza propias o si nuestro estilo verdadero sólo es el hábito de darle una cierta forma que no llame la atención a la fealdad y la mezquindad que nos rodean.

En primer lugar, entonces, debe reconocerse que por lo general ha habido en este siglo algo parecido a un renacimiento de la arquitectura; la pregunta resultante es si este renacimiento indica un crecimiento genuino de vitalidad real que derivará en otra cosa o si meramente es indicativo de una moda pasajera que –una vez desaparezca– no dejará nada duradero tras de sí. No se me ocurre una forma mejor de intentar solucionar este asunto que ofreciendo una

---

* En este artículo para la *Forthnigthly Review* de mayo de 1888, Morris repasa la historia de la arquitectura inglesa del siglo XIX y avanza algunas interpretaciones que se han vuelto canónicas con el tiempo. Por «*revival*» [renacimiento] entiende el resurgir de la arquitectura como arte y los logros alcanzados a lo largo del siglo a partir del concepto de estilo definido por la Historia del Arte. El artículo revisa el significado del movimiento neogótico y sus distintas fases, del romanticismo al período ecléctico o *Revival* Reina Ana, última fase neogótica, en el que Morris participó como diseñador de los principales arquitectos del momento. Son también interesantes sus comentarios respecto a la Historia como disciplina y su análisis de la influencia del conocimiento del pasado en la práctica de la arquitectura; también el que el interés por la Historia sea en sí mismo, para Morris, un hecho histórico característico del siglo XIX y del historicismo como actitud y corriente (n. de la intr.).

breve pincelada de la historia de este renacimiento tal y como yo lo he percibido. Puede decirse que el renacer del arte de la arquitectura en Gran Bretaña ha sido consecuencia natural de la aparición de la escuela romántica en literatura, aunque iba algo por detrás, algo natural dado que el arte de la construcción tenía que ocuparse de incidentes prosaicos de la vida diaria y se ve limitado por las exigencias materiales de su existencia. Hasta mucho después de la muerte de Shelley, Keats y Scott,[1] la arquitectura no podía sino ofrecer, por un lado, imitaciones pedantes de la arquitectura clásica de una fealdad de lo más repugnante y parodias ridículas de construcciones góticas, no tan feas, pero más mezquinas y absurdas; por otro lado, la utilitaria caja de ladrillo con techo de pizarra que el anglosajón de los tiempos modernos considera por lo general una buena casa sensata sin desatino alguno.

Los primeros síntomas de cambio en este sentido los introdujo el movimiento anglo-católico,[2] que ha de ser considerado parte del movimiento romántico en literatura y que contó con el apoyo de muchos que no tenían tendencias teológicas especiales para protestar contra la posición histórica y el aislamiento estúpido del protestantismo. Bajo esta influencia surgió un estudio genuino de la arquitectura medieval y lentamente se descubrió que no era –como se creía en la época de Scott– un mero revoltijo accidental de pintoresquismo consagrado por la ruina y el paso del tiempo, sino un estilo lógico y orgánico derivado por necesidad de los estilos antiguos de los pueblos clásicos y avanzando a la par que los cambios en la vida social del barbarismo, el feudalismo y la civilización. Por supuesto, este descubrimiento llevó mucho tiempo y, de hecho, muchos de los artistas y arquitectos de hoy día no lo admiten, aunque los mejores sienten –quizás de una manera instintiva– la influencia de la nueva escuela de historiadores, de entre los cuales se puede poner como ejemplo al

---

1. Los poetas Percy Bysshe Shelley y John Keats fallecieron en 1822 y 1821 respectivamente, mientras que el novelista Walter Scott lo hizo en 1832 (n. del t.).
2. También denominado Movimiento de Oxford. Esta corriente de pensamiento surgida en dicha universidad en 1833 promulgaba que la iglesia anglicana debía retomar algunas doctrinas y rituales del catolicismo. Su figura más destacada fue el cardenal Newman (n. del t.).

difunto John Richard Green y al profesor Freeman,[3] familiarizados con el tema desde hace ya mucho tiempo.

Una consecuencia desafortunada trajo consigo el estudio del arte medieval, debido en realidad a la falta de reconocimiento de la evolución histórica antes mencionada. Cuando los arquitectos de este país aprendieron algo sobre la construcción y la ornamentación de la Edad Media y, merced a un estudio esmerado, captaron más o menos los principios sobre los que se asentaba el diseño en ese período, tuvieron el atisbo de que dichos principios pertenecían a la estética de todo el arte en todos los países y podían desarrollarse sin fin. Vieron vagamente que el arte gótico había sido un organismo vivo pero, aunque sabían que había desaparecido y que su lugar había sido ocupado por otra cosa, no sabían por qué había desaparecido y creían que podía volver a implantarse artificialmente en una sociedad totalmente distinta de la que lo había visto nacer. El resultado de este conocimiento incompleto los llevó a creer que no tenían más que diseñar en papel según los principios cuya presencia habían intuido en la arquitectura gótica y que los edificios así diseñados (al hacerse bajo su supervisión) serían ejemplos verdaderos del estilo antiguo, resucitado por esos principios imperecederos del arte. Bajo esta premisa, era natural que intentaran con confianza poner remedio a las heridas y las degradaciones que la ignorancia, la brutalidad y la vulgaridad de los períodos post-góticos habían causado a esos impagables tesoros del arte y la historia, las construcciones que aún nos quedan de la Edad Media. Así surgió la práctica nefasta de la «restauración», que en un período de cuarenta años ha hecho más daño a nuestras construcciones antiguas que los tres siglos anteriores de violencia revolucionaria, avaricia sórdida (el llamado utilitarismo) y desprecio pedante. No tengo espacio aquí para profundizar en este aspecto de la cuestión. Sólo puedo decir que, si mi tema no pudiera analizarse más que desde la relación de la arquitectura moderna con la conservación de estas reliquias del pasado, sería harto importante encarar los hechos de la condición actual

---

3. John Richard Green (1837-1883), historiador muy popular gracias a obras como *Breve historia del pueblo inglés* (1874). Coetáneo de Green, el también historiador Edward A. Freeman fue el autor de los seis volúmenes de *La historia de la conquista normanda* (1867-1879) (n. del t.).

del arte entre nosotros para que la simple ilusión de nuestra postura no nos induzca a desechar los tesoros que, una vez perdidos, no pueden recuperarse. Por otro lado, no hay duda de que este conocimiento incompleto le proporcionó a la nueva escuela de arquitectos el valor para continuar su trabajo con mucho ánimo y, como resultado, tenemos un elevado número de construcciones por todo el país que honran enormemente el saber y el talento de sus diseñadores. Algunos de ellos incluso dan muestras de genialidad luchando ante las dificultades a las que se enfrenta un arquitecto que intenta crear belleza en medio del utilitarismo más degradante.

En el período inicial de este renacimiento gótico, las construcciones que se hicieron fueron en su mayor parte eclesiásticas. Al público se le persuadió fácilmente de que las construcciones destinadas para el uso de la iglesia anglicana (que en parte era una herencia clara de la iglesia medieval) deberían ser del estilo del período al que correspondían la mayor parte de las construcciones; de hecho, solía ser costumbre usar la palabra «eclesiástico» como sinónimo de arquitectura medieval. Por supuesto, los arquitectos rechazaron este dislate al comienzo mismo de este renacimiento, aunque perduró mucho tiempo y quizás aún perdure entre el público en general. Quienes estudiaban las artes de la Edad Media enseguida vieron que no había diferencia de estilo entre la arquitectura doméstica, la civil o la eclesiástica de aquel período y la apreciación plena de este hecho marca la segunda etapa del «renacimiento gótico».

Después hubo otro logro: quienes sentían aprecio por el gran período del desarrollo de la humanidad, la Edad Media, en especial quienes tenían el don del sentido histórico –que se diría un don especial del siglo XIX– y una cierta compensación por la fealdad que rodea nuestras vidas en la actualidad, estos hombres empezaron ahora no sólo a comprender que el arte medieval no constituía una mera muestra de religiosidad reaccionaria y oficial o la expresión de una teología extinta, sino un arte popular, vivo y vigoroso y que con él había perecido el arte vigoroso

. Se dieron cuenta de que el arte de los siglos XVI y XVII adquirió su vigor y su belleza del impulso de la época que le precedió y que, cuando esta se extinguió a mediados del siglo XVII, no quedó más que una *caput mortuum* de fatuidad y pedantería que quizás exigía una época de utilitarismo austero para formar –como quien dice– el barbecho de las artes, antes de que se pudieran plantar las nuevas semillas.

Tanto en lo relativo al arte como a la historia este fue un descubrimiento importante. Impávidos ante su posición de aislamiento de la vida actual, los líderes de este nuevo renacimiento se embarcaron en la asombrosa tarea de retomar el vínculo del arte histórico donde los pedantes del denominado renacimiento anterior lo habían dejado e intentaron probar que el estilo medieval podía gozar de una nueva vida y un desarrollo original y que podía adaptarse a las necesidades del siglo XIX. Superficialmente, su esperanza parecía justificada por la maravillosa elasticidad que el estilo demostró en su época de vida efectiva. Nada era ni demasiado grande ni demasiado pequeño, ni demasiado corriente ni demasiado sublime para su amplio alcance. No le afectaba cambio alguno, no le frenaba violencia alguna; en aquellos días de antaño era parte de la vida del hombre, la universal e indispensable expresión de sus gozos y sus penas. Pensamos, ¿acaso no podría ser así de nuevo? ¿No había durado bastante el barbecho de las artes? ¿Iban a ser las hileras de cajas cuadradas de ladrillo marrón que tuvieron que ver Keats y Shelley o la casa de campo de estuco en la que se recluyó el genio de Tennyson[4] los concomitantes perpetuos de maestros tales de la belleza verbal? ¿No iba a crear el hombre en nuestros días más belleza que la belleza de las palabras? ¿Iba a quedar la inteligencia de la época tan absurdamente desequilibrada para siempre? No veíamos razón alguna para ello y, por consiguiente, nuestras esperanzas eran fundadas, dado que, aunque habíamos aprendido algo del arte y la historia de la Edad Media, no habíamos aprendido lo suficiente. Se puso de moda entre los artistas ilusionados de la época en la que estoy pensando decir que, para tener un entorno hermoso, no había necesidad de alterar ninguna de las condiciones y costumbres de nuestra época, que no había nada intrínseco a una butaca, un piano, un motor a vapor, una mesa de billar o una sala digna de una reunión de la Cámara de los Comunes que nos obligara a hacerlos feos y que, de haber existido en la Edad Media, la gente de la época los habría hecho hermosos. Había en ello algo de verdad, pero no toda la verdad. En

---

4. Lord Alfred Tennyson (1809-1892), el poeta más representativo de la Inglaterra victoriana.

efecto, era cierto que el instinto medieval para la belleza se habría impuesto sobre todo lo que se hubiera puesto a su alcance, pero no era menos cierto que la vida de aquella época no ponía en las manos del trabajador ningún objeto que fuera meramente utilitario y mucho menos vulgar, mientras que la vida de los tiempos modernos le obliga a producir muchas cosas que no pueden ser más que utilitarias como, por ejemplo, un motor a vapor, o muchas cosas en las que la vulgaridad es innata e inevitable, como la casa de un caballero o el ceremonial de una moderna monarquía burocrática. De todas maneras, este período de esperanza renovada e intuición parcial produjo muchas construcciones interesantes y otras obras de arte y, ciertamente, le proporcionó placer al pequeño grupo de personas que se encargaron de ello con esperanza, a pesar de todas las decepciones y contrariedades. Al final un hombre, que había hecho más que nadie para hacer posible esta época de esperanza, trazó con firmeza una línea en medio de estas esperanzas fundadas en un conocimiento imperfecto. Este hombre era John Ruskin. Gracias a una maravillosa inspiración de genialidad (no puedo llamarlo de otra manera), llegó de un impulso a una concepción verdadera del arte medieval que años de estudio minucioso no le habían proporcionado a otros. En el capítulo de *Las piedras de Venecia* titulado «Sobre la naturaleza del gótico y la función del trabajador en el mismo» nos mostró el abismo que nos separa de la Edad Media. A partir de ese momento todo cambió; era imposible desconocer el espíritu de la Edad Media en lo sucesivo, excepto para quienes deliberadamente cerrasen los ojos. Las aspiraciones del nuevo renacimiento del arte llegaron a ser infinitamente mayores de lo que habían sido para quienes aún no habían renunciado a toda aspiración, como me temo que muchos hicieron. A partir de ese momento, quienes no pudieron aprender el nuevo conocimiento se vieron condenados a convertirse en pedantes que sólo se diferenciaban de los pelucones prehistóricos del siglo XVIII en la apariencia del arte que practicaban o les interesaba. Aun así, la esencia de lo que Ruskin nos enseñó entonces era bastante simple, al igual que todos los grandes descubrimientos. En realidad no era nada más recóndito que esto: que el arte de cualquier época debe necesariamente ser la expresión de su vida social y que la vida social de la Edad Media le otorgaba al trabajador la libertad de la expresión individual que, por otra parte, nuestra vida social le niega.

El renacimiento de la arquitectura

No digo que el cambio que produjo este descubrimiento en los partidarios del renacimiento gótico fuera inmediato, pero fue efectivo. Gradualmente, se ha asentado con fuerza en la inteligencia del arte y la literatura de hoy y ha tenido mucho que ver con la bifurcación de la cultura de élite (si hay que usar esa horrenda palabra) en un cinismo peculiarmente infame, por un lado, y en un altruismo práctico y provechoso por otro. El curso que ha tomado el renacimiento gótico en la arquitectura que –como ya se ha dicho antes– por lo general es la manifestación externa de la escuela romántica, muestra indicios indudables de la creciente conciencia de la diferencia crucial entre nuestra sociedad y la de la Edad Media. La primera vez que nuestros arquitectos y arqueólogos dominaron (según creían) la práctica y los principios del arte gótico y empezaron a intentar reintroducirlo como un estilo universal, llegaron a la conclusión de que tenían que retomarlo en la época en que estaba equilibrado entre su conclusión y el inicio mismo de su degradación. El final del siglo XIII y el comienzo del XIV fue la época que escogieron como la más adecuada para la fundación del estilo neogótico, que esperaban estuviera destinado a conquistar el mundo y, al escoger este período de transición, demostraron una perspicacia y una apreciación notables de las cualidades del estilo. Por aquel entonces, el gótico había asimilado todo lo que podía tomar del arte clásico, mezclado con varios elementos tomados de las antiguas monarquías bárbaras y de las tribus del norte, al tiempo que ni tenía conciencia de ellos ni sentía su impacto. Era flexible hasta extremos inimaginables en todo estilo arquitectónico anterior y no le pesaba ocuparse de cualquier propósito útil, cualquier material o clima. Por todo ello, era innegable y francamente hermoso, no le afectaba tosquedad alguna ni le degradaba capricho alguno. Podría pensarse que la mano y la mente del hombre no pueden llevar la dulzura (una dulzura que, además, nunca empalaga) más allá de las obras arquitectónicas de esa época como, por ejemplo, en el coro y el crucero de la Abadía de Westminster antes de que sufriera las degradaciones posteriores, que le dejan a uno horrorizado ante el grado de perversidad al que a veces pueden llegar los hombres. Debe recordarse también al calibrar el juicio de los arquitectos neogóticos que el medio siglo que va desde 1280 a 1320 supuso el florecimiento de la arquitectura en toda la parte del mundo que se había aferrado a la continuidad histórica y que tanto Oriente como

Occidente crearon sus mayores obras de ornamento y de arte en ese período. Además, dicho desarrollo ocurrió en sincronía con el punto álgido de la organización de la industria auténticamente medieval. Por aquel entonces, los mercaderes de oro y los linajes de las ciudades libres, que se habían vuelto aristocráticos, selectos y alejados del trabajo real, habían tenido que ceder ante los gremios de artesanos, corporaciones democráticas de verdaderos trabajadores, que ya habían alcanzado el lugar por el que tanto habían luchado y eran los amos de todo el sector. Las colmenas del arte del siglo XIV no fueron los monasterios –como se nos solía decir–, sino las ciudades libres con sus oficios organizados tanto para la batalla como para la artesanía; no fueron la parte reaccionaria de la sociedad de la época, sino la progresista.

Por consiguiente, este período central del estilo gótico, que manifestó el desarrollo pleno del sistema social de la Edad Media, fue indudablemente el período más adecuado para escoger el árbol en el que injertar la planta joven del neogótico; en la época en la que estoy pensando, cualquier arquitecto prometedor habría repudiado con desprecio la sugerencia de recurrir a algún estilo posterior o más impuro en las obras que tenía que llevar a cabo. Cierto es que hubo una tendencia, bastante natural, a infravalorar las cualidades de las formas tardías del gótico, tendencia que a menudo se llevó a extremos grotescos y se veían los restos del semigótico de finales del siglo XVI y del siglo XVII con rechazo, al menos en teoría. Mas al cabo de los años, quienes promovían este renacimiento empezaron a darse cuenta –fueran conscientes de ello o no– de que era imposible superar el abismo entre el siglo XIV y el XIX. A pesar de sus brillantes triunfos individuales, se vieron obligados a admitir que el injerto neogótico se negaba a crecer en el aire comercial de la era victoriana. Conforme se esforzaban concienzuda y fatigosamente por reconciliar el Podsnapperismo del Londres moderno con la expresión vital de Simon de Monfort y Philip van Artevelde[5] descubrieron que habían

---

5. El señor Podsnap era un personaje secundario de la novela de Charles Dickens *Nuestro amigo común* (1864-1865) que destaca por su altanería y autosuficiencia. Simon de Monfort, conde de Leicester (1160-1204), fue un noble francés que participó en la cuarta cruzada. Philip van Artevelde (1340-1382), líder popular flamenco que tomó parte en diversas revueltas sociales de la época (n. del t.).

El renacimiento de la arquitectura

tocado una nota muy aguda y que debían intentarlo de nuevo o darse por vencidos del todo. Para entonces, ya habían asimilado del todo los logros de los estilos del gótico tardío e incluso del estilo que, al menos en Inglaterra (tanto en literatura como en arte), había conservado algo de la belleza e idoneidad de los prósperos días del gótico en medio de la vanidad, la artificiosidad y el exceso de la época de Isabel y Jaime I.[6] Mejor dicho, quienes promovían este renacimiento empezaron a sobrevalorar los restos de estilos inferiores, no por pedantería, sino tal vez por apreciar el curso de la historia, y por rechazar el pesimismo que reduce el período de altas aspiraciones y placer de vivir al nivel de nuestros estados de ánimo pasajeros. Sin embargo, por lo general lo que les llevó en esta dirección fue la esperanza de adoptar otra perspectiva ante el estilo nuevo y vivo en el que aún esperaban ubicarse. La elasticidad y adaptabilidad del estilo del siglo XV (del que nos dan muestras las iglesias de todos los pueblos de Inglaterra) y la gran cantidad de obras que generó, tanto en arquitectura doméstica como eclesial, prestas a ser estudiadas, así como el sentimiento semiconsciente de que estaba más próximo a nuestra época y que expresaba la complejidad creciente de nuestra sociedad, sedujeron con esperanza renovada a los promotores del renacimiento. El sueño de lo bello y lo sentimental del siglo XIV se había desvanecido, ¿no nos brindará el más prosaico estilo perpendicular una oportunidad que no resulte manifiestamente absurda de dar cobijo a la respetabilidad, la contabilidad, el seno familiar y la devoción dominical del señor Podsnap?

Así que los arquitectos comenzaron a trabajar con las formas del siglo XV y, como a estas alturas ya habían adquirido un mayor conocimiento de los objetivos y métodos medievales, crearon obras cada vez mejores, pero ni aún así surgía un estilo nuevo y con vida. El neogótico al estilo del siglo XIV era a menudo una reproducción hermosa del original; la reproducción del siglo XV a menudo ha sido realmente buena y ha tenido no pocas veces un cierto toque de originalidad que le hace a uno admirar la capacidad y el delicado gusto de sus diseña-

---

6. Isabel I (1558-1603), última monarca Tudor. La sucedió Jaime I (1603-1625), con quien se inició la dinastía Estuardo (n. del t.).

dores, pero nada surge de él, queda suspendido en el aire, por así decirlo. Londres no ha empezado a parecer una ciudad del siglo XV y no se llega a apreciar ningún regusto de belleza o incluso de edificación generosa en las innumerables casas construidas en los barrios.

Mientras tanto, mediante un proceso natural hemos pasado a imitar algo incluso posterior al siglo XV, algo mucho más próximo a nuestra época, nuestras costumbres y modo de vida, algo de lo que al menos cabría esperar que hubiera tenido cierto éxito. El estilo de ladrillo de moda en la época de Guillermo III y la reina Ana[7] seguramente no resulte demasiado sublime para un uso general; hasta Podsnap admitiría cierta afinidad con la burguesía de calzones y sombreros de tres picos de aquella época. ¿No podría empezar a crecer el injerto del nuevo estilo ahora que hemos abandonado del todo el gótico y adoptado un estilo que pertenece a la época del taller y la división del trabajo, una época en la que todo lo que quedaba de los gremios artesanales era corrupto, abusos claros de ayuntamientos y compañías bajo cuyas restricciones laborales la clase comercial se desgastó tan gravemente que a punto estuvo de ser eliminada por completo?

Bien, es cierto que a primera vista parece que el urbanismo de la época de la reina Ana ha conquistado en mayor o menor medida el gusto moderno, pero lo cierto es que sólo una mínima porción lo ha logrado. El giro que algunos de nuestros arquitectos vigorosos y jóvenes (entonces eran jóvenes) dieron al más reciente de los estilos nacionales puede explicarse sin cuestionar ni su buen gusto ni su sentido común. La verdad es que lo que más atractivo hacía a los mejores de aquellos no era la idiosincrasia del estilo de la reina Ana, que no es más que un puñado de caprichos absurdos. Era el hecho de que en el estilo perduraba un sentimiento del gótico, al menos en lugares o en circunstancias en las que las construcciones estaban alejadas de la faceta innovadora del siglo XVIII. Digo que allí quedaba un sentimiento gótico ligado a formas tales como las ventanas de marco corredizo, que también se usan en nuestra época. Los arquitectos que busquen un estilo bien podrían decir:

---

7. Guillermo III de Orange fue monarca de Inglaterra entre 1689 y 1702, y la reina Ana de 1702 a 1714 (n. del t.).

El renacimiento de la arquitectura

«nos han zarandeado de un sitio a otro, ¿acaso no podemos adoptar una postura? Atrás han quedado la gracia y la dulzura inalcanzables del siglo XIV; la obra del siglo XV es demasiada delicada y demasiado rica para el día a día actual. Seamos modestos y empecemos una vez más con el estilo de las casas de ladrillo proporcionadas y bien construidas que tan bien resisten el humo de Londres y que parecen acogedoras y cómodas en el confín de alguna aldea o entre los verdes árboles en el parque de un hacendado. Además, nuestras necesidades como arquitectos no son grandes; ya no queremos construir iglesias, la nobleza ya tiene sus palacios en el campo y en la ciudad.»

(¡les deseo que disfruten de algunos!).

«El trabajador no puede permitirse vivir en nada de lo que un arquitecto pueda diseñar: madrigueras de tamaño medio para la clase media alta y lo mismo en miniatura para los grupos de parásitos a los que nosotros pertenecemos; esto es todo en lo que debemos pensar. Quizás de estos humildes comienzos surja entre nosotros un estilo, aunque en verdad hemos caído en un declive largo y cansino desde los "contrastes" del arquitecto Pugin. Todavía estamos de acuerdo con él, pero, a pesar de ello, admiramos e imitamos algunas de las cosas que él criticó con nuestra aprobación entusiasta.»

Bueno, se han construido unas cuantas casas de este tipo para gran comodidad de sus inquilinos, estoy seguro, pero al nuevo estilo le queda tanto para asentarse que, mientras por un lado el constructor común está cubriendo Inglaterra de abortos que nos hacen lamentar la casa de ladrillo y el techo de pizarra de hace cincuenta años, la clase culta está más bien por la labor de volver a la severidad (es decir, a la fealdad cara y sin moderación) de las últimas heces de un aspirante a Paladio, como ejemplifican los bultos de piedra del período georgiano. No he oído nunca que la «clase media culta» tenga intención alguna de organizar una reunión alborotada en la adyacente Trafalgar Square para protestar porque se lleven a cabo los planes de nuevas oficinas públicas con las que nos amenazó el edilicio del señor

Shaw-Lefevre.[8] En lo que respecta a edificios públicos, los juzgados del señor Street son el último intento que probablemente veamos de crear algo razonable o hermoso para dicho uso. El público se ha resignado a cualquier cantidad de vulgaridad y estupidez que un organismo vea conveniente imponerle, probablemente debido a una impresión semiconsciente de que, en cualquier caso, será lo bastante bueno para el trabajo (por llamarlo de algún modo) que en él se llevará a cabo.

En resumen, debemos responder a la pregunta con la que empezaba este artículo diciendo que el renacimiento arquitectónico, aunque no se trate de un mero disparate artificial, posee un alcance demasiado limitado, está demasiado restringido a un grupo culto para tener un crecimiento vital capaz de un desarrollo pleno. El hecho más importante es que se basa en el aprecio por la historia y el arte de la generalización histórica, que (como ya se ha dicho) es un don de nuestra época, mas un don del que desgraciadamente aún participan pocos. En los grupos en los que este don no existe, ni siquiera puede haber ahora intentos aislados de belleza arquitectónica y en sitios así pueden vivir y morir generaciones –si perdura la sociedad tal como ahora está constituida– sin sentir deseo alguno de belleza en su vida diaria e, incluso en las circunstancias más favorables, no hay un impulso general por la belleza que surja a la fuerza, un impulso que por sí mismo pueda crear un estilo arquitectónico universal, es decir, el hábito de elevar y embellecer las casas, los muebles y demás bienes presentes en nuestras vidas.

Todo lo que tenemos que se asemeja a la arquitectura es resultado de un eclecticismo muy laborioso y harto consciente de sí mismo, que imita abiertamente obras de épocas pasadas de las que hemos adquirido un conocimiento que sobrepasa con mucho el de cualquier otra época. Mientras tanto, lo que se haga sin un esfuerzo consciente, es decir, el trabajo del estilo auténtico de la época, constituye una ofensa al sentido de la belleza y la idoneidad y así lo reconocen todos los hombres que poseen una noción de la belleza formal. Ya no resulta feo de una forma pasiva sino activa, pues al utilitarismo monótono de

---

8. Sir John G. Shaw-Lefevre (1797-1879), político inglés del siglo XIX (n. del t.).

El renacimiento de la arquitectura

los días de Samuel Johnson[9] se añade una vulgaridad que es un invento especial de la era victoriana. El estilo genuino de esta era lo ejemplifican las chapuceras casas de nuestros barrios, los paseos marítimos de estuco en nuestras playas, las ostentosas casas públicas en las esquinas de cada ciudad de Gran Bretaña, la huesuda fealdad de las casas que estropean la gloriosa vista de Queen's Park en Edimburgo. Ellos conforman nuestra verdadera arquitectura victoriana. Obras tales como los excelentes nuevos edificios del señor Bodley en Magdalen College, las casas elegantemente fantásticas de estilo reina Ana del señor Norman Shaw en Chelsea o los internados sencillos pero sorprendentes del señor Robson[10] en Londres son meras excentricidades en las que el público en general no tiene ni arte ni parte.

Mis lectores dirán que esto es de un pesimismo absoluto. Muy al contrario. El entusiasmo de los responsables del renacimiento gótico se disipó cuando se enfrentaron al hecho de que forman parte de una sociedad que ni tendrá ni puede tener un estilo vivo, porque es una necesidad económica de su existencia que el trabajo común diario de su población sea una rutina mecánica y porque la armonía del trabajo común diario de su población es la que crea el gótico, es decir, un arte arquitectónico vivo; la rutina mecánica no puede armonizarse con el arte. La esperanza de nuestra ignorancia ha perecido, mas ha dado lugar a la esperanza nacida de un nuevo conocimiento. La Historia nos ha enseñado la evolución de la arquitectura; ahora nos está enseñando la evolución de la sociedad y a nosotros nos resulta claro –e incluso a muchos que se niegan a reconocerlo– que la sociedad que está surgiendo de la nuestra ni necesitará ni tolerará que la rutina mecánica sea el destino del conjunto de su población. Que la nueva sociedad no se vea atormentada como nosotros por la necesidad de producir cada vez más productos para el mercado por un beneficio, sean necesarias o no, que produzca para vivir y no viva para producir como nosotros. En condiciones tales, la arquitectura –como

---

9. Samuel Johnson, polígrafo inglés representativo del siglo XVIII, autor de obras como *El diccionario de la lengua inglesa* (1755) o *Vidas de los poetas* (1779-1781) (n. del t.).
10. George Frederick Bodley, Norman Shaw y Oliver Claude Robson, arquitectos ingleses de la segunda mitad del siglo XIX (n. del t.).

parte de la vida del conjunto de la gente– será de nuevo posible y creo que, cuando sea posible, tendrá un nuevo nacimiento de verdad y aportará tanto al placer de vivir que nos preguntaremos cómo pudo la gente vivir sin ella. Mientras tanto, quedamos a la espera de ese nuevo desarrollo de la sociedad, unos en una inactividad cobarde, otros en un trabajo esperanzado con el cambio, mas al menos estamos todos a la espera de lo que ha de ser obra, no del ocio y el gusto de unos pocos sabios, autores y artistas, sino de las necesidades y aspiraciones de los trabajadores de todo el mundo civilizado.

EL RENACIMIENTO DE LA ARTESANÍA (1888)*

Desde hace ya algún tiempo ha surgido bastante interés por lo que en nuestra jerga moderna se denomina «artesanía artística» y, más recientemente, ha habido un sentimiento creciente de que, para que esta artesanía artística posea algún valor, debe reflejar la personalidad del artesano, aparte de lo que se derive del artista que la ha diseñado, pero no la ha creado. Tanto se ha incrementado este sentimiento que se está poniendo de moda pedir productos hechos a mano, aunque no estén nada decorados como, por ejemplo, telas de lana y lino hiladas a mano y tejidas sin maquinaria, calcetería tricotada a mano y similares. Más aún, no resulta infrecuente oír que se echa de menos el trabajo manual en el campo, ahora que está desapareciendo con rapidez hasta en los más recónditos distritos de los países civilizados. Se echan de menos la guadaña, la hoz e incluso el mayal y son muchos quienes

---

* Este texto para la Forthnigthly Review, muy significativo en el conjunto de la obra y las ideas de Morris, conviene ser leído en el contexto, primero, del ambiente artístico de la época, a saber, de la boga del esteticismo –que fue tanto un movimiento artístico como una actitud del público— en arquitectura y diseño de mobiliario, a partir de la obra de William Godwin y, en segundo lugar, de la aparición del movimiento de las Arts & Crafts, en parte continuidad del esteticismo, en parte su antagonista, que venía a poner en práctica las ideas de Ruskin siguiendo el modelo del éxito comercial conseguido por Morris & Co. Tanto Godwin como Ruskin defendieron la individualidad del artista en el sector de las artes aplicadas y la fabricación de objetos de uso. Ahora bien, también conviene leer este texto en relación a lo que ha sido la interpretación canónica de las ideas y la labor de Morris difundida después de su muerte. En este segundo supuesto, parece estar respondiendo a sus críticos y analistas mucho antes de que formularan sus objeciones a su presunta oposición a los logros de la industrialización, lo cuál pone en evidencia cuán consciente era Morris de las dificultades teóricas, de las contradicciones aparentes de su pensamiento (n. de la intr.).

ven con desánimo un futuro en el que arar a mano esté tan extinguido como el molinillo y cuando el traqueteo del motor a vapor reemplace a lo largo y ancho del terreno al silbido del joven labrador de pelo rizado. La gente que está interesada (o cree estarlo) en los detalles de las artes de la vida por lo general siente el deseo de volver a los métodos de la producción artesanal. Quizás merezca la pena tener en cuenta hasta qué punto este no es más que un sentimiento reaccionario que no se puede cumplir y hasta qué punto podría presagiar un futuro cambio real en nuestra forma de vida tan irresistible como el cambio anterior que originó el sistema de producción mecánica, sistema contra el que ahora se intenta la sublevación.

En este artículo propongo limitar mi argumentación previa tanto como me sea posible en lo que respecta a la dicotomía maquinaria-artesanía en las artes, término este que uso de forma lo más amplia posible para que englobe todos los productos del trabajo que tengan derecho alguno a ser considerados bellos. Digo tanto como me sea posible, pues todos los caminos conducen a Roma, así que la vida, los hábitos y las aspiraciones de todos los grupos y clases de la comunidad se basan en las condiciones económicas bajo las que viven las masas de gente y resulta imposible excluir cuestiones sociopolíticas de cualquier consideración sobre estética. Asimismo, aunque debo admitir que comparto las añoranzas reaccionarias a las que antes aludía, debo desde un principio rechazar el punto de vista meramente estético que centra su atención en el labrador, sus bueyes y su arado, el segador, su trabajo, su esposa, su cena y tantos elementos que conforman un hermoso tapiz colgante, idóneo para decorar el estudio de una persona culta y meditativa, pero que no se digna a diferenciar a uno de otro sino en lo relativo a la belleza e interés del cuadro. Por el contrario, lo que deseo es que el segador y su esposa participen ambos de la vida en pleno y puedo –sin demasiado esfuerzo– sentir la justicia de que me obliguen a soportar parte de la carga de sus deficiencias, de modo que nos veamos obligados a remediarlas juntos y no tengamos que llevar juntos una carga muy pesada.

Volvamos a nuestra estética: pese a que cierta parte de la clase culta de hoy día echa de menos la desaparición de la artesanía de la producción, no precisa cómo y por qué está desapareciendo o cómo y por qué debería o podría reaparecer. Para empezar, en su conjunto la gente ignora por completo todos los métodos y procesos de la manufactura. Por supuesto, esto es resultado del sistema de máquinas que estamos analizando. Casi todos los bienes se fabrican sin vínculo alguno con la vida de quienes los usan, no somos responsables de ellos, nuestra voluntad no ha tenido nada que ver en su producción, salvo en la medida en que formamos parte del mercado al que se les lleva para que se beneficie el capitalista cuyo dinero costea su producción. El mercado asume que se necesitan ciertas mercancías, produce dichas mercancías, en efecto, mas su género y su calidad sólo se adaptan a las necesidades de la gente de forma muy tosca, porque se subordinan las necesidades de la gente a los intereses de los patrones capitalistas del mercado quienes, si quieren, pueden obligar a la gente a quedarse con el artículo que menos desea y, de hecho, suelen hacerlo. El resultado es que, en este sentido, la personalidad propia de la que presumimos es un fraude y las personas que desean algo que se desvía lo más mínimo del camino marcado tienen que o bien malgastar su vida en una lucha agotadora y del todo inútil contra un ente gigantesco que ignora sus deseos, o bien dejar que sus deseos se hagan añicos a cambio de una vida tranquila.

Veamos unos pocos ejemplos triviales, mas innegables. Digamos que usted quiere un sombrero como el que llevaba el año pasado, va al sombrerero y no puede conseguirlo allí, por lo que no le queda otra opción que rendirse; el dinero por sí solo no le comprará el sombrero que usted quiere. Que le añadan una pulgada al ala de su sombrero le costará tres meses de duro trabajo y veinte libras; tendrá usted que buscarse a un pequeño capitalista (de los que quedan pocos) y, por medio de una serie de intrigas y acciones firmes que proporcionarían material para una novela de tres tomos, lograr que le permita a usted hacer de él un artesano en parte para la ocasión, aunque seguro que será uno bastante malo. Del mismo modo, yo uso bastón y, como a toda la gente sensata, me gusta que tenga una punta bien pesada para que se balancee delante mía. Hace uno o dos años se puso de moda reducir todos los bastones a la forma de diminutas zanahorias y creo que lo que yo reduje fue mi vida intentando encontrar uno del tipo al que estaba acostumbrado, tal era la dificultad de la empresa. Del mismo modo, usted quiere un mueble que la industria (¡fíjense en la palabra: industria y no artesanía!) fabrica manchado de adornos absurdos y falsos, usted desea librarse de esta humillación y se lo propone a su tapicero, quien de mala gana asiente y usted descubre que tiene que pagar el precio de dos muebles por el privilegio de ver cumplido su deseo de eliminar el acabado industrial (me niego a llamarlo adorno) en el que usted ha encargado, y eso porque tal cambio se ha hecho a mano y no a máquina. A la mayoría de la gente, por tanto, se le ha fijado un precio prohibitivo para la adquisición o el conocimiento de los métodos y los procesos. No sabemos cómo se hace un objeto, cuáles son los obstáculos que dificultan su manufactura, qué aspecto, tacto y olor debería tener o cuál debería ser su costo al margen del beneficio del intermediario. Hemos perdido el arte de comerciar y a su vez la solidaridad propia de la vida del taller que, de seguir existiendo, supondría un freno saludable a los disparates de la política de partidos.

Es consecuencia natural de este desconocimiento de los métodos para fabricar mercancías que incluso quienes están en contra de la tiranía del exceso de la división del trabajo en las ocupaciones de la vida y que, más o menos, desean volver a la artesanía también desconozcan cómo era la artesanía cuando las mercancías se hacían todas de forma artesanal. Si su rebelión ha de tener algún viso de esperanza es necesario que sepan algo acerca de esto. Doy por sentado que muchos o quizás la mayoría de mis lectores no estarán familiarizados con los textos del socialismo y que pocos de ellos habrán leído la descripción admirable de las diferentes épocas de producción que se dan en la magna obra de Karl Marx titulada El capital. Por tanto, debo pedir que se me disculpe por afirmar muy brevemente las que –debido principalmente a Marx– se han convertido en ideas clave del socialismo, aunque apenas se conozcan fuera de él. Ha habido tres grandes épocas de producción desde el comienzo de la Edad Media. Durante el período primero o medieval toda la producción era de índole individual dado que, aunque los trabajadores se agrupaban en grandes asociaciones para la producción y la organización del trabajo, lo hacían como ciudadanos y no como trabajadores. La división del trabajo o no existía o era mínima y la maquinaria que se usaba era sencillamente como una herramienta múltiple para ayudar a la labor manual del trabajador y no para suplantarla. El trabajador trabajaba para sí mismo y no para ningún patrón capitalista y, por ello, era amo de su

El renacimiento de la artesanía

trabajo y de su tiempo; este era el período de la artesanía auténtica. Cuando en la segunda mitad del siglo XVI el patrón capitalista y el llamado «trabajador libre» hicieron su aparición, se reunió a los trabajadores en talleres, se mejoraron las viejas herramientas y por fin una nueva invención –la división del trabajo– hizo su aparición en los talleres. La división del trabajo siguió creciendo a lo largo del siglo XVII y se perfeccionó en el XVIII, cuando un grupo y no un hombre solo se convirtió en la unidad de trabajo; en otras palabras, el trabajador se convirtió en una parte más de una máquina unas veces sólo compuesta de personas y otras veces de personas y de máquinas para ahorrar trabajo que al final de este período fueron inventadas en abundancia: como ejemplo de ellas puede ponerse la hilandera volante. La segunda mitad del siglo XVIII presenció el comienzo de la última época de producción que el mundo ha conocido, la de la máquina automática que reemplaza el trabajo manual y convierte al trabajador –que una vez fue un artesano que se ayudaba de herramientas y luego parte de una máquina– en un operario de máquinas. Por lo que puede apreciarse, en este sentido la revolución ha terminado en lo que respecta a calidad, aunque en lo que respecta a cantidad, como el señor David A. Wells[1] señaló el año pasado (1887), la tendencia es hacia una sustitución cada vez mayor del trabajo «muscular», tal como lo denomina el señor Wells.

Esta es brevemente la historia de la evolución de la industria durante los últimos quinientos años y ahora surge la pregunta: ¿está justificado el que deseemos que la artesanía reemplace a su vez a la maquinaria? Quizás sería mejor formular la pregunta de otra manera: ¿derivará el período de la maquinaria en un período novedoso de maquinaria más independiente del trabajo humano de lo que podamos concebirlo ahora o, por el contrario, adoptará la forma de un período de producción artesanal nuevo y mejorado? La segunda parte de la pregunta es preferible porque nos ayuda a dar una respuesta razonable a lo que la gente con algún interés por la belleza externa sin duda preguntará: ¿es el cambio de la artesanía a la maquinaria bueno o malo? Según mi parecer, la respuesta a esa pregunta es

---

1. David Ames Wells (1828–1898), economista estadounidense (n. del t.).

que –como mi amigo Belfort Bax ha dicho– estáticamente es malo y dinámicamente es bueno.[2] Como condición de vida, la producción a máquina es mala en su conjunto, como instrumento para imponernos mejores condiciones de vida, ha sido y seguirá siendo durante un tiempo indispensable.

Una vez que he intentado librarme de cierto pesimismo reaccionario, déjenme intentar mostrar por qué estáticamente la artesanía me parece deseable y su destrucción una degradación de la vida. Bien, en primer lugar no eludiré afirmar con franqueza que la producción a máquina necesariamente origina una fealdad utilitaria en todo lo que tiene que ver con el trabajo del hombre y que este supone un mal grave y una degradación de la vida humana. Tan claro resulta este hecho que, aunque poca gente se atreva a negar la segunda parte de la proposición, en sus corazones la mayor parte de las personas cultas y civilizadas no lo considera un mal, porque su degradación es tal que son incapaces –en lo que respecta al sentido de la vista– de diferenciar entre la belleza y la fealdad: su aprobación lánguida de lo deseable que resulta la belleza no es más que una convención, un vestigio supersticioso de cuando la belleza era una necesidad para todos los hombres. Sobre la primera parte de la proposición (que la industria de las máquinas produce fealdad) no puedo discutir con estas personas, porque ni conocen la diferencia entre la belleza y la fealdad ni les preocupa. Con aquellos que sí entienden lo que significa la belleza no necesito discutir, dado que son harto conscientes del hecho de que el producto de todo el industrialismo moderno es feo y que, cada vez que algo antiguo desaparece, su lugar lo ocupa algo de inferior belleza, hasta en los prados y en el campo abierto. El arte de hacer hermosamente todo tipo de cosas corrientes (carretillas, verjas, vallas, botes, cuencos y demás, así como casas y edificios públicos) ha desaparecido de forma inconsciente y con suma facilidad. Cuando hay que renovar cualquiera de estas cosas sencillas sólo se pregunta qué es lo mínimo que se puede pagar por ello, eludiendo así nuestra responsabilidad y postergando su arreglo hasta la próxima generación.

---

2. Periodista amigo de Morris que le apoyó en sus disputas con Hyndman en la Democratic Federation y después perteneció a la Socialist League (n. del t.). Juntos escribieron un libro sobre el pensamiento de Marx.

El renacimiento de la artesanía

Puede decirse, y en verdad yo lo he oído, que, dado que aún queda belleza en el mundo y gente que la admira, hay un cierto beneficio en el eclecticismo confeso de hoy día, ya que la fealdad tan común proporciona un contraste mediante el cual la belleza, que resulta tan infrecuente, puede ser apreciada. Esto me temo que no es sino otra manera de formular la máxima que es el clavo al que se aferra el grupo más perezoso y cobarde de nuestras clases cultas: que es bueno que muchos sufran por unos pocos. Pero, si alguien plantea de buena fe el temor de que lleguemos a ser tan felices teniendo un entorno agradable que podamos disfrutar, he de contestar que me parece este un terror muy remoto. Incluso cuando la marea al fin cambie para barrer la suciedad y la vulgaridad modernas, se hará necesario el esfuerzo de muchas generaciones para llevar a cabo la transformación y, cuando al fin sea definitiva, surgirá primero nuestro éxito triunfal para animarnos y, luego, la historia de la larga travesía surcando el putrefacto mar de la fealdad de la que al fin habremos escapado. Pero además, la respuesta adecuada a esta objeción es mucho más profunda aún. Estimo que lo que queremos evitar es la conciencia misma de crear la belleza por la belleza; esto es precisamente lo que puede crear afectación y afeminamiento entre los artistas y sus seguidores. En grandes épocas artísticas se recurrió a un esfuerzo consciente para crear grandes obras para mayor gloria de la ciudad, triunfo de la iglesia, exaltación de los ciudadanos o para alentar la fe de los devotos. Incluso en las artes mayores, la constancia de la historia, la instrucción de los hombres presentes y futuros eran el objetivo y no tanto la belleza; las artes menores eran inconscientes y espontáneas y no interfirieron en modo alguno en las cuestiones más problemáticas de la vida, al tiempo que capacitaban a los hombres en su conjunto para entender y apreciar las formas más nobles del arte. Mas por muy inconscientes que puedan ser estos creadores de belleza, ni pueden ni deben dejar de obtener placer al realizar su trabajo en estas condiciones y esto (por encima de todo) es lo que más me influye al esperar la recuperación de la artesanía. Lo he dicho bastantes veces, mas lo diré una más, ya que es parte esencial de mi defensa de la artesanía: mientras el hombre permita que su trabajo diario no sea más que una faena monótona, su búsqueda de la felicidad será en vano. Asimismo, afirmo que los peores tiranos de épocas violentas

no eran sino débiles torturadores comparados con esos capitanes de
la industria que le han arrebatado a los trabajadores el placer del trabajo. Además, tengo la certeza absoluta de que de la unión de la
artesanía y otros elementos –en los que enseguida me detendré–
resultará la belleza y el placer en el trabajo antes mencionados. Si así
fuera y este placer doble del entorno agradable y el trabajo feliz
pudiera ocupar el lugar del tormento doble de un entorno miserable
y una faena despreciable, ¿acaso no tendríamos una buena razón
para desear, si fuera posible, que la artesanía volviera a ocupar de
nuevo el lugar de la producción a máquina?

No estoy ciego ante el tremendo cambio que esta revolución con-
llevaría. La máxima de la civilización moderna para un hombre de
bien es: «¡evite meterse en problemas! ¡Consiga que los demás se
hagan cargo del mayor número de sus asuntos!» La esencia de nuestra civilización es delegar la vida y que, mientras dure, la gente culta
y de bien la vivamos tranquilamente. Mas en primer lugar, ¿qué pasaría con los párrocos, que nos cantan la misa a cambio de un modesto
estipendio? ¿Seguirán así para siempre? Pues en verdad el pasarse el
uno al otro las responsabilidades ha de terminar por fin y, a la postre,
alguien ha de soportar su carga. Mas dejemos esto, dado que no
estoy escribiendo de política y centrémonos en otro aspecto de la
cuestión. ¡Qué desgraciadas y falsas criaturas nos estamos volviendo
a causa del exceso de la división del trabajo en las ocupaciones de la
vida! ¿Qué diantre vamos a hacer con nuestro tiempo cuando roce-
mos la perfección en el arte de delegar nuestras vidas, tras haber
complicado el asunto primero al crear de forma incesante necesidades artificiales que no podemos rechazar? ¿Acaso vamos todos (quienes formamos la gran clase media) a convertirnos en filósofos, poetas,
ensayistas –hombres geniales, en una palabra– cuando lleguemos a
despreciar las funciones corrientes de la vida con igual desdén con el
que las personas de buena educación desprecian una buena cena,
aunque la coman asiduamente? Me estremezco al pensar cómo nos
aburriremos unos a otros cuando alcancemos esa perfección. Mejor
dicho, creo que ya tenemos en todas las ramas de la cultura más
genios de los que podemos soportar con comodidad y que nos faltan
públicos y no predicadores, por así decirlo. Debo pedirle perdón a mis
lectores, mas nuestro caso es tan lamentable y tan absurdo a la vez

que uno apenas puede evitar reír de amargura. Justo en medio de nuestro pesimismo nos jactamos de nuestra sabiduría, aunque estamos desvalidos ante las necesidades que nos hemos creado y que (a pesar de nuestra ansiedad por el arte) en la actualidad nos conducen, de un lado, a un lujo al que no redime la belleza y, de otro, a una miseria que no mitigan ni evento ni emoción algunos y que un día nos conducirán a la pura ruina.

Sí, sí que necesitamos con urgencia un sistema de producción que nos proporcione un entorno bello y una ocupación agradable y que tienda a hacer de nosotros buenos animales humanos, capaces de hacer algo por nosotros mismos, de modo que, por lo general, seamos inteligentes en vez de dividirnos en esclavos lerdos o en buscadores de placer aún más lerdos en función de nuestra clase por un lado o en personajes intelectuales desventurados y pesimistas que aspiran a esa dignidad por otro. Ciertamente nosotros sí que necesitamos felicidad en nuestro trabajo diario, satisfacción en nuestro descanso diario y todo esto no es posible si cedemos toda la responsabilidad de los detalles de nuestra vida diaria a las máquinas y a quienes las manejan. Tenemos razón al anhelar que una artesanía sensata vuelva a este mundo que una vez hizo tolerable en medio de la guerra, la confusión y la incertidumbre vital y que debería –a uno le gustaría creer– hacernos felices ahora que nos hemos vuelto tan pacíficos, tan atentos al bienestar temporal del prójimo.

Entonces surge la pregunta: ¿cómo puede llevarse a cabo este cambio? Y aquí nos topamos enseguida con la dificultad de que la enfermedad y muerte de la artesanía es, parece, una expresión natural de la tendencia de la época. Hemos dispuesto el fin y por, consiguiente, también los medios. Desde finales de la Edad Media la creación de una aristocracia intelectual ha sido, por así decirlo, el propósito espiritual de la civilización, junto a su propósito material de sustituir la aristocracia de cuna por la aristocracia de la riqueza. Parte del precio que ha tenido que pagar por su éxito en este objetivo (y algunos dirían que comparativamente es una parte insignificante) es que a esta nueva aristocracia del intelecto se le ha obligado, primero, a renunciar a su gran interés por lo bello y lo romántico de la vida (que en su momento al menos fue parte de todo artesano, si no de todo trabajador) y, segundo, a vivir rodeada de una fea vulgaridad que un mundo siempre cambiante nunca antes había conocido hasta los tiempos modernos. No resulta extraño que hasta hace poco no haya sido consciente de esta degradación, mas puede extrañar a muchos que ahora sea consciente de ello en parte. Ahora es común oír decir a la gente de tal o cual parte del campo o de un barrio: «¡ah, era tan hermoso hace un año o así, pero el edificio lo ha estropeado bastante!» Hace cuarenta años el edificio habría sido considerado una gran mejora, ahora somos conscientes de la fealdad que estamos creando y seguimos creándola. Observamos el precio que hemos pagado por nuestra aristocracia del intelecto e incluso más de la mitad de esa aristocracia se lamenta del trato y se alegraría si pudiera quedarse con las ganancias sin tener que pagar el precio íntegro. De ahí no sólo las quejas vacuas ante el imparable avance de la maquinaria sobre la moribunda artesanía, sino también los diversos planes diminutos para intentar que algunos no asumamos las consecuencias de ser personas notables; ninguna de estas cosas puede tener más que un éxito temporal y muy limitado. La gran ola de la necesidad comercial barrerá todos estos intentos bienintencionados de ponerle freno y de pensar un poco en qué ha hecho o adónde va.

Mas después de todo, incluso estas exiguas expresiones de descontento con la tiranía del comercio son síntomas de una época revolucionaria y a mí me resulta inconcebible que la producción a máquina derive en una mera maquinaria infinita o que, al transcurrir, la vida vuelva a caer en una total indiferencia por sí misma. En verdad es cierto que, aunque la clase media culta sea poderosa, no tiene el poder de recrear ni lo bello ni lo romántico de la vida, mas esa será la labor de la nueva sociedad que el progreso ciego del comercialismo creará, mejor dicho, está creando. La clase media culta es una clase de esclavistas y su poder para vivir a su antojo se ve limitado por la necesidad de encontrar sustento y empleo constantes para los esclavos que la mantienen con vida. Sólo una sociedad de iguales puede escoger la vida que vivirá, puede escoger renunciar al lujo intolerable y al utilitarismo vil a cambio del placer incansable de saborear la vida con plenitud. Creo firmemente que, a la postre, haremos realidad esta sociedad de iguales, también que, cuando sea realidad, no soportará una vida que dependa de las máquinas y que, en breve, será el amo de la maquinaria y no su esclavo, como lo es en nuestra época.

Entretanto, dado que tenemos que experimentar una larga serie de acontecimientos sociales y políticos antes de que seamos libres para escoger cómo vamos a vivir, deberíamos dar la bienvenida hasta a la más débil de las protestas que ahora se estén realizando contra la vulgarización de toda la vida: primero porque es uno de los síntomas de la enfermedad de la civilización moderna y, luego, porque puede que ayude a mantener vivos recuerdos del pasado que son elementos necesarios para la vida futura y métodos de trabajo que ninguna sociedad se puede permitir perder. En resumen, puede decirse que, aunque el movimiento por el renacimiento de la artesanía sea en apariencia despreciable ante la estructura gigantesca del comercialismo, a pesar de todo, si se lo considera como parte del movimiento general por la libertad para todos en el que ahora estamos sin duda inmersos, como protesta contra la tiranía intelectual y como síntoma del cambio que está transformando la civilización al socialismo es algo a la vez digno y alentador.

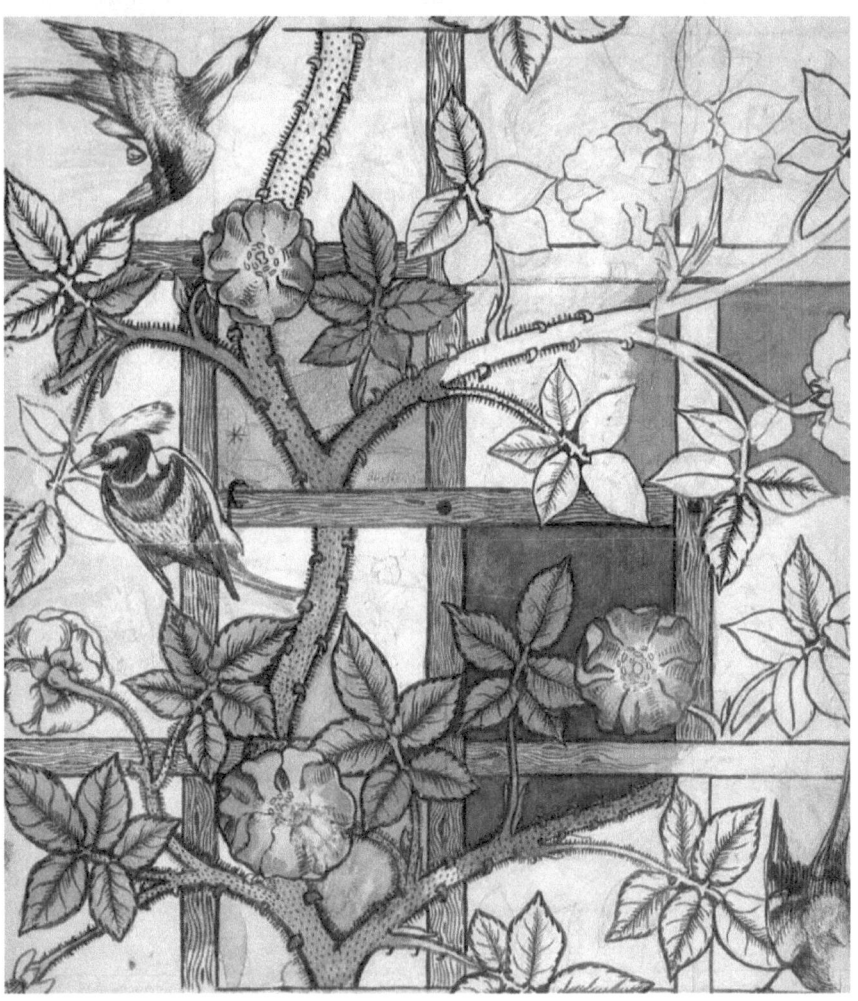
Aaaaaaaaaaaaaa

CÓMO ME HICE SOCIALISTA (1894)*

Me pide el editor que haga un poco de historia sobre la conversión arriba señalada y siento que podría ser de alguna utilidad hacerlo, si mis lectores me ven como el prototipo de cierto grupo de gente, pero no resulta fácil hacerlo de forma clara, breve y exacta. Al menos, permítanme intentarlo. Mas, en primer lugar, dejaré claro qué entiendo por ser socialista, pues me dicen que la palabra ya no expresa claramente y con certeza lo que hace diez años. Bien, lo que entiendo por socialismo es una condición de la sociedad en la que no debería haber ni ricos ni pobres, ni amos ni siervos, ni ociosos ni explotados, ni trabajadores del cerebro enfermos del cerebro, ni trabajadores manuales enfermos del corazón; en una palabra, en la que todos los hombres vivan en igualdad de condiciones y se ocupen de sus asuntos sin exceso alguno y con plena conciencia de que hacer daño a alguien implicaría hacer daño a todos: hacer realidad al fin el significado de la palabra mancomunidad.

Esta visión del socialismo que tengo hoy día (y que espero morir teniendo) es con la que empecé. No hubo período alguno de transición, a menos que se denomine así a un breve período de radicalismo político durante el cual vi mi ideal bastante claro, pero no tenía ninguna esperanza de que se hiciera realidad. Eso finalizó unos meses antes de que me afiliara a la (por entonces) Democratic Federation y el significado de que me afiliara a ese grupo era que yo ya tenía la esperanza de que mi ideal se hiciera realidad. Si me preguntan ustedes cuál era mi esperanza, qué pensaba que los socialis-

---

* Texto publicado en *Justice*, 16 de junio de 1894.

tas que por aquel entonces vivíamos y trabajábamos íbamos a lograr o cuándo se haría efectivo algún cambio en el semblante de la sociedad, debo decirles que no lo sé. Sólo puedo decir que yo no medía ni mi esperanza ni el placer que en su momento me proporcionó. Por otro lado, cuando tomé aquella decisión mi ignorancia sobre economía era total: apenas había llegado a abrir a Adam Smith u oído hablar de Ricardo o de Karl Marx.[1] Curiosamente, sí que había leído algo de Mill, a saber, aquellos artículos póstumos suyos (¿publicados en la *Westminster Review* o en el *Fortnightly*?) en los que ataca el socialismo de corte fourierista.[2] En aquellos artículos expuso sus argumentos de forma clara y honesta en la medida de lo posible y el resultado –en lo que a mí respecta– fue convencerme de que el socialismo era un cambio necesario y de que era posible efectuarlo en nuestros propios días. Aquellos escritos supusieron el empuje definitivo en mi conversión al socialismo. Bueno, después de haberme afiliado a un grupo socialista (pues la Federation enseguida pasó a ser claramente socialista) hice un esfuerzo por intentar aprender el lado económico del socialismo e incluso me atreví con Marx, aunque debo confesar que, si bien disfruté enormemente la parte histórica de *El capital*, sufrí agonías de confusión cerebral al leer las partes de economía pura de esa magna obra. De todas formas, leí lo que pude y espero que algo me haya quedado de aquella lectura, pero más, creo, de mis conversaciones continuas con amigos tales como Bax, Hyndman y Scheu y de la enérgica serie de reuniones de propaganda que se sucedían por entonces y a las que asistí.[3] La culminación de mi posible educación en el socialismo *práctico* llegó con posterioridad de la mano de algunos amigos anarquistas, de quienes aprendí

---

1. Adam Smith (1723-1790), pensador y economista cuya obra más conocida es *La riqueza de las naciones* (1776), en la que expone la doctrina del *laissez-faire*. Uno de los muchos economistas seguidores de dicha doctrina fue David Ricardo (1772-1823), quien teorizó sobre la relación entre precios y salarios. Ambos influyeron decisivamente en Marx (n. del t.).
2. Charles Fourier (1772-1837), teórico social francés que proponía una reestructuración de la sociedad por medio de comunidades autónomas de productores y consumidores a las que denominaba «falansterios» (n. del t.).
3. Andreas Scheu, anarquista austriaco exiliado en Inglaterra, miembro de la Democratic Federation y la Socialist League (n. del t.).

–muy a pesar de sus intenciones– que el anarquismo era imposible, del mismo modo que de Mill había aprendido, a pesar de sus intenciones, que el socialismo era necesario.

Mas al narrar cómo arribé al socialismo práctico me doy cuenta de que he empezado por la mitad, pues desde mi posición de hombre pudiente que no sufre las limitaciones que oprimen todo el tiempo al trabajador me parece que nunca me habría atraído el lado práctico del asunto si un ideal no me hubiera obligado a buscarlo. Pues la política en sí misma, es decir, no considerada como un medio necesario aunque molesto y repugnante para un fin, nunca me habría atraído. Ni cuando fui consciente de los males de la sociedad actual y de la opresión de la gente pobre podría haber yo llegado a creer en la posibilidad de arreglar *parcialmente* esos males. En otras palabras, nunca habría sido tan tonto como para creer en los pobres felices y «respetables».

Si, por consiguiente, mi ideal me obligó a buscar el socialismo práctico, ¿qué fue lo que me obligó a concebir un ideal? Bueno, aquí incide lo que he dicho en este artículo de que soy el prototipo de una cierta forma de pensar.

Antes de que surgiera el socialismo *moderno*, casi toda la gente inteligente estaba bastante satisfecha con la civilización de este siglo o aseguraba estarlo. Por otra parte, casi todos ellos estaban realmente satisfechos y creían que lo único que se podía hacer era perfeccionar dicha civilización eliminando algunos vestigios ridículos de las edades bárbaras. En pocas palabras, esta era la mentalidad whig,[4] propia de los modernos hombres prósperos de clase media quienes, de hecho, en lo que respecta al progreso mecánico, no tienen nada que reivindicar, con tal de que el socialismo les deje tranquilos para disfrutar de su vida en la abundancia.

Pero además de estos satisfechos había otros que no lo estaban, sino que tenían un tenue sentimiento de repulsa por el triunfo de la civilización, mas a quienes el desmedido poder de la ideología whig silenciaba. Por último, había unos pocos abiertamente opuestos a dicha

---

4. Al contrario que la tory, en el siglo XVIII y comienzos del XIX la ideología whig defendía los intereses de la burguesía liberal (n. del t.).

ideología whig, unos pocos, digamos dos: Carlyle y Ruskin. Este último, antes de mis días de socialismo práctico, fue quien me guió hacia el ideal antes mencionado y, si echo la vista atrás, me resulta imposible no afirmar: ¡cuán mortalmente sombrío habría sido el mundo hace veinte años de no haber sido por Ruskin! Gracias a él aprendí a darle forma a mi insatisfacción, que no era vaga en absoluto. Además del deseo de crear cosas hermosas, la principal pasión de mi vida ha sido y es el odio a la civilización moderna. ¿Qué diré ahora de ella, de mi esperanza en que sea destruida? ¿Qué diré de que el socialismo ocupe su lugar?

¿Qué diré de su dominio y su derroche del poder mecánico, de la mancomunidad tan pobre, de los enemigos de la comunidad tan ricos, de su asombrosa organización, de la miseria de la vida? ¿De su desprecio de los placeres simples que todo el mundo podría disfrutar si no fuera por su locura? ¿De su vulgaridad ciega que ha destruido el arte, el único consuelo real del trabajo? Todo esto lo sentí entonces al igual que ahora, mas no sabía por qué. La esperanza de los tiempos pasados había desaparecido, la lucha de la humanidad durante muchas épocas no había producido más que esta confusión sórdida, fea y sin rumbo. Me parecía que el futuro inmediato iba a intensificar todos los males del presente eliminando los últimos vestigios de los días previos a que la sórdida miseria de la civilización se asentase en el mundo. Se trataba de una perspectiva negativa –y si se me permite hablar de mí como una persona y no como un simple prototipo– sobre todo para un hombre de mi disposición, indiferente a la metafísica, la religión y el análisis científico, mas con un profundo amor por la tierra y la vida terrenal y una pasión por la historia del pasado de la humanidad. ¡Piénsenlo! ¿Iba a acabar todo en una oficina en la cima de un montón de cenizas con el salón de Podsnap a la vista y un comité whig repartiendo champán a los ricos y margarina a los pobres en proporciones apropiadas que satisfagan a todos a un tiempo, aunque haya desaparecido del mundo el placer de la vista y Huxley ocupe el lugar de Homero?[5] Con todo, crean que en mi corazón, cuando de veras me impuse ver el futuro, eso es lo que veía en él y parecía que casi nadie creía que mereciera la pena luchar

---

5. Thomas Henry Huxley (1825-1895), influyente científico y pensador inglés que defendió las tesis de Darwin y al que se le atribuye la invención del término «agnosticismo». Su nieto Aldous Huxley fue el autor de *Un mundo feliz* (1932) (n. del t.).

contra la consumación de tal civilización. Así que allí estaba yo, presto a un final pesimista de mi vida, si de alguna manera no hubiera caído en la cuenta de que en medio de esta inmundicia de civilización las semillas de un gran cambio (lo que otros llaman «revolución social») empezaban a germinar. A raíz de este descubrimiento, me cambió el semblante de todas las cosas y lo único que tuve que hacer entonces para convertirme en socialista fue sumarme al movimiento práctico, algo que –como ya dije antes– he intentado hacer lo mejor que he podido.

En resumen, entonces el estudio de la Historia y el amor y la práctica del arte me obligaron al odio de la civilización que (de seguir las cosas como están) convertiría a la Historia en un disparate inconsecuente y haría del arte una colección de curiosidades del pasado que no tendrían relación alguna con la vida actual.

Mas la conciencia de la revolución que se agita en nuestra odiosa sociedad moderna impidió –con mayor fortuna que a muchos otros de percepción artística– que, por un lado, me convirtiera en un mero denostador del «progreso» y, por otro, que malgastara mi tiempo y energía en cualquiera de los numerosos proyectos mediante los que los pseudo-artistas de clase media esperan lograr que el arte crezca cuando ya no posee raíz alguna. Por eso me convertí en un socialista práctico.

Una o dos palabras finales. Quizás algunos de nuestros amigos dirán ¿qué tenemos nosotros que ver con estas cuestiones de historia y de arte? Mediante la socialdemocracia queremos ganarnos una vida decente, queremos de algún modo vivir y ello, de inmediato. Seguramente, cualquiera que comparta la opinión de que la cuestión del arte y la cultura ha de ir antes que la del cuchillo y el tenedor (y algunos proponen esto) no entiende lo que significa el arte o el que sus raíces deben anclarse en el suelo de una vida próspera y reposada. A pesar de todo, hay que recordar que la civilización ha reducido al trabajador a una existencia tan escuálida y penosa que apenas sabe formular el deseo de una vida mucho mejor que la que ahora soporta a la fuerza. La misión del arte es desplegar ante él el ideal verdadero de una vida plena y razonable, una vida en la que la percepción y la creación de belleza, es decir, el disfrute del placer real, lo sienta el hombre como algo tan necesario como el pan de todos los días. No se puede privar de esto a ningún hombre, ni a ningún grupo de hombres si no es por la fuerza, algo a lo que habría que resistirse con firmeza.

www.ingramcontent.com/pod-product-compliance
Lightning Source LLC
Chambersburg PA
CBHW031624210526
45464CB00004B/1739